JN065243

美しく、長く楽しむ

はじめての
花の寄せ植え

井上まゆ美　著

ナツメ社

ぜひ味わってほしい
育てる喜び

複数の植物を組み合わせることで、より美しく
豊かな世界観を表現できる寄せ植え。
どんな鉢にどのような植物を植えようか、どこに飾ろうかなど、
あれこれ想像しながら植物や鉢を選ぶのも、
ワクワクする楽しい時間です。
植物の組み合わせを考えて、美しく造形するという意味では
フラワーアレンジメントにも似ているかもしれません。
でも違うのは、寄せ植えの場合は鉢の中で植物が育っていき、
変化しながら生き続ける、という点です。
この本では、もちろんつくりたても魅力的ですが、
季節の移り変わりにともなう変化も味わえ
長く楽しめる寄せ植えを提案しています。
植物の生命の輝きを大切にし
飾る楽しさと育てる喜びを味わっていただけたら
これほどうれしいことはありません。

Contents

ぜひ味わってほしい育てる喜び………… 3

──［第1章］──

寄せ植えの基本 ………… 7

これだけは揃えたい
基本の道具や資材 ………… 8

テイストづくりの要になる
さまざまなタイプの鉢・器 ………… 9

寄せ植えを成功させる
植物の選び方 ………… 10

より素敵に仕上げる
色の組み合わせのコツ ………… 12

寄せ植えの名脇役
カラーリーフを活用 ………… 14

まずは3種で覚える 基本の植え方 ………… 16

これだけはやりたい 基本の手入れ ………… 20

図鑑　寄せ植えに使いやすいカラーリーフ ………… 22
　　　脇役として活躍する植物 ………… 28

──［第2章］──

長く楽しめる寄せ植えづくり ………… 29

春の訪れが待ち遠しい
球根を使った
寄せ植え ……… 30

白とパープルを基調にした上品な一鉢 ………… 32

チューリップのリレー咲きで春を満喫 ………… 36

チューリップが花束のように咲く
「花束植え」 ………… 40

原種系チューリップは後植えでも大丈夫 ………… 44

多肉植物から
原種系チューリップが顔を出す ………… 46

スイセンをたっぷりのパンジーが
ふわっと包む ………… 50

一部手直しをして、より美しく ………… 54

風格を楽しむ
木を取り入れた
寄せ植え ……… 58

木の枝ぶりの面白さを楽しむ ………… 60

オレアリアを再利用して新たな寄せ植えを ………… 64

徒長した木の魅力を引き出す ………… 68

図鑑　寄せ植えに使いやすい球根植物 ………… 70
　　　寄せ植えに使いやすい樹木 ………… 73

─────── ［第3章］ ───────

季節を楽しむ寄せ植え ………… 75

早春～春の 寄せ植え ……… 76

オステオスペルマムが主役の寄せ植え
- 同系色でまとめて上品に ……… 78
- 木を取り入れて風格を出す ………… 81

ラナンキュラスが主役の寄せ植え
- 主役をバトンタッチさせて、より長く華やかに ………… 82
- イエロー系ダブル主役で華やかに ………… 84
- 清楚な白の共演 ………… 87

- 愛らしいアネモネで小さなハンギング ………… 88

芽出し球根で旬を楽しむ
- 楚々とした星のような花が魅力 ………… 90
- クロッカスとラケナリアで紫の共演 ………… 91

ハーブの寄せ植え
- 惜しげなく使える丈夫なハーブ ………… 92
- ちょっとあるとキッチンで便利 ………… 94
- のびのび育てて使う分だけ収穫 ………… 95

多肉植物の寄せ植え
- エケベリアをバラの花に見立てて ………… 96
- 軽い布バッグで室内にも簡単に持ち込める/
  宝石箱のように小さい多肉植物をギュッと ………… 101
- 多肉植物と相性のよいレウィシアで優美に/
  暴れている苗で面白さを出す ………… 103

> 図　鑑　早春～春の主役に向く花 ………… 104
>   寄せ植えに使いやすいハーブ ………… 106
>   寄せ植えに使いやすい多肉植物 ………… 108

初夏～夏の 寄せ植え ……… 110

- 長方形のボックスで個性的に ………… 112

ペチュニアが主役の寄せ植え
- 涼しげでシックなモノトーンの寄せ植え ………… 116
- 八重のペチュニアで豪華なリースを ………… 121
- さわやかなカラーの涼しげなハンギング ………… 124
- 3種でつくる愛らしい寄せ植え ………… 128
- 反対色を使って元気カラー ………… 129
- 木を取り入れて存在感を演出 ………… 130

❁ 白で統一して涼しげに ………… 131

初夏を鮮やかに彩る花
❁ 香りのある植物を集めて ………… 132
❁ 半日陰を明るくする一鉢 ………… 133

盛夏も元気な花
❁ 次々咲くジニアを生かして ………… 134
❁ 高温にも耐え、花が絶えない ………… 135

小さな寄せ植え
❁ クローバーを添えてかわいらしく ………… 136
❁ うつむいて咲くフクシアを小花が引き立てる ………… 137

観葉植物の寄せ植え
❁ 赤いアグラオネマが花代わりに ………… 139
❁ さまざまな葉の表情を楽しむ ………… 142
❁ アンスリウムを引き立てる組み合わせ/
　 存在感のある葉を楽しむ ………… 143

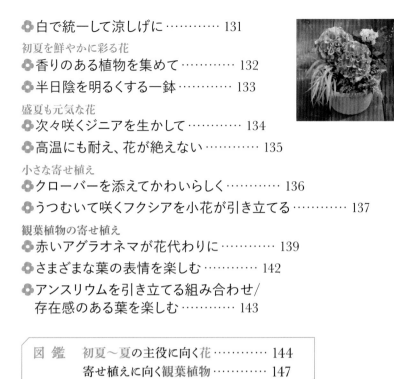

図 鑑　初夏〜夏の主役に向く花 ………… 144
　　　寄せ植えに向く観葉植物 ………… 147

秋〜冬の
寄せ植え ……… 150

❁ グラスと赤い葉で秋らしさを演出 ………… 152
❁ 玉のように咲くマムが存在感抜群 ………… 156
❁ 秋色でシックに / ピンクを生かして愛らしく ………… 157
❁ ハロウィン気分を盛り上げる ………… 158
❁ 花の少ない季節を華やかに ………… 159
❁ 天使と迎えるクリスマス ………… 160
❁ 存在感のあるお正月飾りに ………… 164
❁ 目に温かい陽だまりカラー ………… 168
❁ 新年の飾りにも活躍 ………… 169

図 鑑　秋〜冬の主役に向く花 ………… 170

information 河野自然園 農園ハウス ………… 175

図鑑について

科名: APG IV分類体系に準拠しています。APG分類体系はDNAのゲノム配列解析に基づいた分類法で、現在も更新が続けられています。

草丈・樹高: 地植えにした際の、おおよその草丈です。寄せ植えで育てる場合は、一般的にポット苗を利用するため、表示より低くなる場合があります。

花期: 育てる地域や品種によって幅がありますので、おおよその目安とお考えください。

結実期: 観賞価値のある実がなる植物は、結実期を記しています。

※本書では寄せ植えに使いやすい樹木、つる性植物、葡萄性植物も紹介しています。これらの樹木などでは、自然環境のなかでは2mを超えるものもありますが、寄せ植えに使用するのはあくまで小さな苗木で、鉢の中で樹高やつる伸長をコントロールして育てます。そのためあえて、高さや長さは記してありません。ただ木本(樹木)植物でも、多年草のような扱いができる植物に関しては樹高を示しています。

［第1章］
寄せ植えの基本

まずは基本的な技術や、植物の選び方のコツをマスターしましょう。
基礎さえ覚えれば、自由自在に
自分らしい寄せ植えをつくることができます。

基本の道具や資材

寄せ植えづくりに、特別な道具や資材などは必要ありません。
簡単に手に入る最低限の道具などを揃えるだけで大丈夫です。

道具

土入れ、移植ゴテ

鉢に鉢底石や用土を入れるの
に使います。狭い場所に土を入
れるには、筒形土入れや細身で
小型の移植ゴテが便利です。

園芸用ハサミ

園芸用
ハサミ

植えつけの際に余分な根や傷んだ葉を切る
ために使ったり、寄せ植えを育てる際、花がら
切りや切り戻しに使います。木を切るときには
剪定バサミがあると重宝しますが、枝が細い
場合は園芸用ハサミで代用できます。

剪定バサミ

ピンセット

多肉植物の寄せ植えなど、細かい作業をする際はピン
セットを使います。へら付きのピンセットは、鉢の縁に
土を入れる際や根鉢を崩すときなどに便利です。

↑へら

割箸など棒状のもの

寄せ植えをつくる際、土に挿
して土中の隙間をなくすた
めに使います。

ジョウロ

できれば、取り外し可能な蓮口付きの
ジョウロを用意しましょう。

資材

植えつけ用土

水はけがよく、適度に
保水力もある用土が向いています。元肥や腐葉土が混ぜてある市販
の培養土が便利です。元肥が入っていない場合は、じっくりと効果が
持続する緩効性の肥料などを適量混ぜましょう。

鉢底網

市販の鉢底網の他、球根や野菜が入っていたネットなど
も利用できます。

鉢底網

球根が入っていたネット

鉢底石・パーライト

いわゆる「鉢底石」として販売されているも
のは、主にパミス（軽石）が原料です。パー
ライトは、鉱物を高温処理してつくる粒状の
人工砂礫です。どちらも水はけや通気性を
よくする働きがあり、鉢底石に使いますが、
パーライトのほうが軽く、細かい粒のもの
があります。

パミス（軽石製の鉢底石）

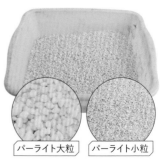

パーライト大粒　パーライト小粒

8

さまざまなタイプの鉢・器

どのような鉢を使うかで、寄せ植え全体のテイストに大きく影響します。
さまざまな形や材質のものがあるので、つくりたいイメージに合った形状や色合い、
質感のものを選びましょう。ここにご紹介した材質の他、ワイヤーの器などもあります。

素焼き（テラコッタ）
ナチュラルな風合いで、通気性、排水性に優れ、根腐れしにくいという特徴があります。やや重いのが難点。

陶製
釉薬の色によって、さまざまなテイストのものがあります。

コンクリート製
モダンなテイストのものが多く、スタイリッシュな寄せ植えに向いています。夏は熱くなりやすいので、置き場所に注意を。

ブリキ、缶
どんな植物にもよく合い、軽いのも利点。色を塗り直してリメイクも可能です。

樹脂、グラスファイバー製
軽いので扱いやすく、耐久性もあり、土が乾燥しにくいという特徴があります。デザイン性に優れ、さまざまな形状のものがあります。

リースやハンギング用
リースやハンギング専用の器。ナチュラルなテイストの籐製の他、ワイヤー製のものもあります。

マルチング材

土の表面にマルチング材を敷くことで、ある程度、土の乾燥を防ぐことができます。また、水やりの際の泥はねも防げます。美的効果もあるので、全体のテイストに合わせて使ってみてください。

バークチップ

松などの樹皮を砕いたもの。寄せ植えには、細かく砕いたものが向いています。

ココヤシファイバー

ヤシの実から採る繊維で、おしゃれな雰囲気を演出できるマルチング材です。

水苔

リースなど植物の量に比べて土が少ないものや、シダ類など水気を好む植物の寄せ植えをつくる際に使います。

パミス

パミスとは軽石のこと。鉢底石にも使いますが、小粒〜中粒のものはマルチング材としても利用できます。

植物の選び方

まずは「好きな花」「育ててみたい花」を選びましょう。
そのうえで、どう他の植物と組み合わせるとよいのか、魅力的な寄せ植えにするための
植物の合わせ方のコツを知っておくと、植物が選びやすくなります。

例：一年草のペチュニアを主役にした無彩色の花の寄せ植え

① 主役と脇役を決める

寄せ植えをつくる際、「この花も使いたい」「あの花も素敵」と、好きな花をたくさん盛り込んでしまうと、まとまりがない寄せ植えになりがちです。まず主役となる植物を決め、それぞれの魅力を引き立て合う脇役を選ぶと、間違いがありません。

主役には、季節を感じられる花がおすすめ。観葉植物の寄せ植えの場合は、華やかな葉の植物も主役となります。脇役には、小花の植物、カラーリーフなどを添えるのが定石です。主役が一年草の場合は、季節が終わったら抜いて、新たな一年草に植え替えて寄せ植えを再生させることも可能です。

主役の花
ペチュニア
'クレイジーチュニア
ブラック＆ホワイト'

脇役の花

ネメシア
'セブンスヘブン ホワイト'

ユーフォルビア
'ブレスレス ブラッシュ'

脇役のリーフ

ラミウム・マクラツム

ヒューケラ

ゴンフォスティグマ・
ヴィルガツム

植えつけ時の
ネメシア1株の大きさ。

寄せ植えをつくる際、イエロー系の
ネメシア2株を使用。

約4ヵ月後

たった2株のネメシアが、あふれるように咲いている。

② 育つ様子を想像する

　寄せ植えは、植えつけたときができあがりではありません。植えた植物は新しい環境のなかで育っていきます。その変化を楽しむのも、寄せ植えの醍醐味といえます。

　寄せ植えをつくる際は、植えた苗がこの先どの程度の大きさに育つかを考えましょう。最初からぎっしり植え込んで豪華につくってしまうと、植物が育った際、窮屈になることもあります。「植物は育っていくものだ」という原則を忘れず、鉢の大きさも考慮し、先々を想像して植える苗の量を決めましょう。

③ 全体のフォルムを考える

　植物に高低差をつけると、立体感とメリハリが生まれ、全体のフォルムが整いやすくなります。低木や背の高い宿根草などを使い高低差を大きくすると、存在感が生まれ、玄関前やデッキなどのフォーカルポイントにもなります。一方で、あえて高さを揃えて、こんもりと仕上げる方法もあります。こんもりとした寄せ植えは、ガーデンテーブルやチェアの上に置いても魅力的。器とのバランスも考慮し、全体のフォルムを考えましょう。

高低差のある寄せ植え
組み合わせる植物の草丈に高低差をつけると、立体的になり、存在感のある寄せ植えになります。

こんもり形の寄せ植え
あえて高低差をつけず、小さめの花でこんもり、ふわふわした寄せ植えにすると、やさしい野の花の雰囲気を演出できます。

色の組み合わせのコツ

花色と葉色の組み合わせ方によって、寄せ植えの印象は大きく変わります。
あまり色を多用すると、まとまりのない寄せ植えになりかねません。
失敗しない、上手な色の組み合わせ方を覚えましょう。

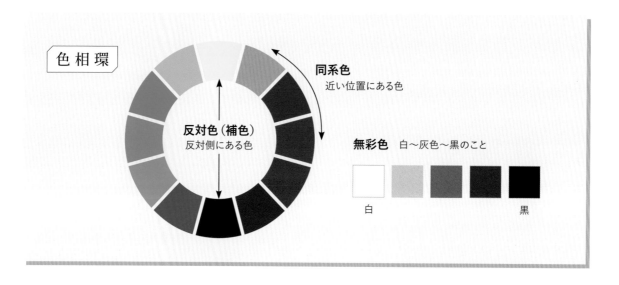

色相環

同系色
近い位置にある色

反対色（補色）
反対側にある色

無彩色　白〜灰色〜黒のこと

白　　　　　　　　　　黒

① 同系色の組み合わせ

　上に示した輪は「色相環」といい、近い場所にある色は「同系色」、反対側の場所にある色どうしの組み合わせは「反対色」または「補色」といいます。同系色の花を組み合わせた寄せ植えは、調和が生まれやすく、まず失敗がありません。同系色の複数の花を使う場合は、花径や花形の異なるものを組み合わせると、単調になりません。

ピンクの濃淡と、シルバーリーフの組み合わせ。ペチュニア'夢のしずく'、ギョリュウバイ、プラチーナ（p128参照）。

パープル〜ブルーで、花形、花径の違う3種の寄せ植え。'絵になるスミレ パルム'、ムスカリ、ベロニカ'オックスフォードブルー'。

② 反対色の組み合わせ

　反対色を意識すると、メリハリがつき、色の鮮やかさが強調されてビビッドな印象の寄せ植えとなります。また、器のテイストによってはモダンな雰囲気も出しやすく、寄せ植えの表現の幅が広がります。どの色を多くするか、色の分量によっても印象が変わりますので、いろいろ試して、寄せ植えの可能性を楽しんでください。

黄色からオレンジに色が変わるペチュニアとイエロー系のノリペットに、反対色のネメシアを組み合わせています（p129参照）。

③ 無彩色の
寄せ植え

白い花を集めた寄せ植え。カラーリーフもシルバーのプラチーナ、鉢も白いものを使い、無彩色でまとめています（p87参照）。

　さまざまな花径、花形の白い花を集めた無彩色の寄せ植えは、上品でエレガントな印象を与えます。シルバーリーフも無彩色なので、白花の寄せ植えに合わせやすいカラーリーフです。

④ 同系色に
差し色を
入れる

イエロー系のジニア、コロキアに、アクセントカラーとしてロベリア'夏子 スウィートブルー'を組み合わせています（p134参照）。

　同系色の花だけではメリハリがつきにくい場合は、差し色となる花やカラーリーフでメリハリをつける方法があります。差し色は、アクセントとして分量を多くしすぎないほうが効果的です。

⑤ 色でつなぐ
テクニック

カレンデュラの花の芯とクリスマスローズの花色、ベロニカ'オックスフォードブルー'の葉色が共通しています（p168参照）。

　花弁や萼（がく）、しべ、葉などの色に共通点がある複数の植物を組み合わせる上級テクニック。調和がとれ、落ち着いた印象となります。写真の例は、濃い赤紫色で全体をつないでいます。

カラーリーフを活用

寄せ植えをつくる際、カラーリーフを組み合わせると、花も引き立ち、全体がまとまります。
カラーリーフは色や葉形によって、さまざまな効果があります。また、宿根草だけではなく、
カラーリーフの低木も取り入れると、より立体的な寄せ植えづくりに役立ちます。

葉色による効果

葉色によって、寄せ植えに取り入れた際の効果が違います。
それぞれの葉色の特徴を知り、組み合わせる際の参考にしましょう。

銅葉（ブロンズリーフ）

赤茶〜赤黒い葉のこと。花や緑の葉を引き立てる効果があります。光沢のある銅葉も、寄せ植え向きです。

黒葉（ブラックリーフ）

黒に近い濃い紫色の葉のこと。寄せ植えにメリハリがつき、シックな印象になります。

銀葉（シルバーリーフ）

葉に細かい繊毛が生えており、白〜銀に見える葉のこと。使うと寄せ植えが上品な印象になります。

ヒューケラ'フォーエバーレッド'

ハボタン'シーブルー'

ヘリクリサム'シルバースノー'

斑入り葉

細かい点が入るものや、葉の周囲を白や黄色が囲む「覆輪」などさまざまなタイプがあり、寄せ植えを明るくする効果があります。

黄金葉（オーレアリーフ）

明るく鮮やかな黄緑色の葉。寄せ植えに明るさをもたらします。

コプロスマ'マーブルクイーン'

ユーフォルビア'ゴールデンレインボー'

トリフォリウム'イエローリボン'

葉の形状や質感の効果

葉形や葉の大きさによっても効果が違います。ひとつの寄せ植えに複数のカラーリーフを使う際は、葉形が違うものを取り入れるのがおすすめ。

線

コルジリネなど大型の葉はシャープさや力強さを、カレックスなど小型の植物は流れや涼やかさを演出します。

プラチナ

カレックス

細かい葉の集まり

小花の植物と並んで、名脇役に。細かい陰影が生まれるので、寄せ植えが複雑なニュアンスになります。

セネシオ'エンジェルウイングス'

ルブス'サンシャインスプレーダー'

面

葉に存在感があるので、花との組み合わせによって、お互いをしっかり引き立ててくれます。

動き

匍匐（ほふく）性の植物やつる性植物を使うと、空間に動きが出ます。

カラーリーフの使い方の例

カラーリーフの効果や上手な使い方を、実際の寄せ植えを例に説明します。

◀斑入りのヒイラギ、シルバーリーフのシロタエギク'シラス'、濃緑色のスキミア、つる性のアイビー、葉が細かくやや銅葉のギョリュウバイなど、リーフの魅力を最大限駆使した寄せ植え。主役となる花の量が少なくても、豪華で見ごたえ満点（p59参照）。

▲1株の花苗も、リーフを1種添えるだけで、素敵な寄せ植えに。ペチュニア'花舞姫'と、クローバー'ティント ワイン'（p136参照）。

▲背景に銅葉のキンギョソウ'ブロンズドラゴン'、手前に黄金葉のアジュガを下に垂らすことで、奥行きとメリハリが生まれています（p124参照）。

基本の植え方

ここでは、3種3株の寄せ植えを例に、基本的な植え方をご紹介します。
3種3株の寄せ植えは調和がとりやすく、はじめて寄せ植えをつくる場合におすすめです。
ブリキ製の器は、軽いので持ち運びもしやすく、
カジュアルな雰囲気の寄せ植えによく合います。

華やかなラナンキュラスの小型寄せ植え

同じ花色で花径と花形が違う花を合わせた、
同系色の寄せ植えです。華やかなラナンキュラスは、
春の喜びを表現できる植物。
開花期は本来3〜5月ですが、温室栽培の
蕾付きの苗が冬から売り出されます。

銅葉のリーフで引き締める

艶がある葉が赤茶色に色づくコプロスマを組み合わせることで、シックで引き締まった印象に。斑入り葉の低木などと組み合わせると、軽やかな印象になります。

管理のポイント

ラナンキュラスは咲き終わったらなるべく早く、花茎を切り取ります。マーガレットは花がらをこまめに摘み取り、伸びすぎたら切り戻しを。

植える植物

| 主役 | 脇役 | カラーリーフ | 使う鉢 |

ラナンキュラス'綾リッチ'　マーガレット'エンジェリックバーガンディ'　コプロスマ'コーヒー'

ブリキ製
直径21cm×高さ11cm

用意するもの

筒形土入れ

鉢底網　ココヤシファイバー

市販の草花用培養土　土入れ　割箸

ジョウロ

※この寄せ植えの場合、根鉢の大きさに対して鉢が浅いため、鉢底石は使いません。

つくり方

1 適当な大きさに切った鉢底網を鉢穴の上にかぶせる。

2 鉢が浅いので鉢底石は使わず、草花用培養土を土入れで直接鉢に入れる。

3 一番背の高いコプロスマをポットから抜く。その際株元を人差し指と中指で挟むと抜きやすい。

4 根鉢を土に置き土の量を確認。鉢の縁から2cmほどウォータースペースがとれる量が目安。

5 マーガレットをポットから抜いて根鉢を軽くほぐし、土の上に置く。

6 手前に来る主役のラナンキュラスをポットから抜く。

7 根鉢が回っている場合は底に指を入れて、根をやや緩める。

8 黄色い葉や傷んだ葉は、取り除く。

9 全体のバランスを見て、ラナンキュラスの位置を決める。やや前に傾けている。

10 筒形土入れで土を入れる。株と株の間にしっかりと土が入るように。

11 割箸で土を突き、土中の空洞をなくす。縁は隙間ができやすいので丁寧に。土が沈んだ分、土を足す。

12 ジョウロの蓮口を外し、鉢底から水が流れ出るまで根元にたっぷりと水を与える。

13 ココヤシファイバーはほぐしておく。

14 土の表面にほぐしたココヤシファイバーを置く。

植物の抜き方と 根鉢の扱い

ポットから植物を抜く際は、やや斜めに傾けて、人差し指と中指の間に株元を挟んで抜きます。ポットに根が回って抜けにくい場合は、ポットをもんだり、手で縁を叩くなどします。根が回りすぎている場合は根鉢を崩してから植えます。根が回っていない場合や、根が太くて少ない直根性植物は、根鉢は崩さずそのまま植えます（p89参照）。

ポットからマーガレットを抜いたところ。

このまま植えると根詰まりする可能性がある。

底穴の部分に親指を入れて、根を広げる。

表面の根をはぎ取るようにして崩す。

根の下のほうがほぐれた状態。

肩の部分の硬い土を落とす。

基本の手入れ

管理のコツをつかむと、寄せ植えの"もち"が変わってきます。
せっかくつくった寄せ植えを、少しでも長く、美しく楽しむために基本の手入れの方法を覚えましょう。
まずは、日ごろからよく観察することが大事です。しっかり見ると
植物が何を欲しているのか、自然とわかるようになってきます。

置き場所

寄せ植えをつくってから3日〜1週間は、直射日光を避け、半日陰で管理します。その後は、風通しのよい日が当たる場所に置くように。ただし、半日陰を好む植物を多く使った寄せ植えの場合は、明るい日陰などに置くようにします。真夏は直射日光を避け、明るい半日陰などで管理を。とくにベランダは床面の温度が上がりがちなので台の上に置き、午前中の光が当たる程度にし、直射日光は避けたほうが無難です。

水やり

原則は、土が乾いてから、蓮口を外したジョウロで、鉢底から水が流れ出るまでたっぷりと。土が湿っているうちに水やりをすると、根が健康に育たず、根腐れの原因になります。鉢が浅い、あるいは小さいなど土の量が少ない寄せ植えは、夏は朝晩2回、水やりが必要な場合もあります。

肥料

寄せ植えは狭い場所に何種類もの植物が共存しているため、栄養不足になりがち。月に1度、置き肥を施すようにします。使う際は、説明書をよく読んで量を間違えないように。与えすぎると、植物に悪影響を及ぼす場合もあります。

花がら切り

花が咲き終わったら、こまめに花がらを切るようにします。とくにパンジーやビオラのように次々と花が咲く一年草は、花がら切りを欠かさないようにしましょう。

パンジーの花がら切り

花が咲き終わったらハサミで、花茎のつけ根から切る。

レウィシアの花がら切り

小さくてハサミが使えない花はピンセットを使う。

花がらを取り除いた後。房全体の花が終わったら、花茎のつけ根から切り取る。

切り戻し

伸びすぎてバランスが崩れた植物は、切り戻しを行い、リフレッシュさせます。切ったところから新しい芽が出て、新たに花を咲かせる場合もあります。

セダムの切り戻し

セダム類は、切り取ったものを土にまいて新しい株を育てることが可能。

ビオラの切り戻し

パンジーやビオラは、伸びすぎた茎を半分くらいに切る（p53参照）。切った花は小さな瓶などに生けて楽しむこともできる。

ハボタンの切り戻し

蕾をつけ「トウ立ち」の状態になったハボタン。

伸びた部分を切り戻す。

葉形はやや崩れるが、まだ十分観賞できる。

アジュガ

シソ科　常緑多年草
草丈5〜20cm　花期4〜6月中旬

小花が無数につき、立ち上がるように咲きます。半日蔭を好み、ランナーについた子株が発根して増えます。シェードガーデンのグラウンドカバープランツとして欠かせない植物です。
●管理のポイント
葉色を美しく出すには強い日差しは避け、とくに初夏は風通しのよい場所に移動するか、込みすぎないように株を間引きます。

エレモフィラ・ニベア

ゴマノハグサ科　常緑低木（多年草扱い）
草丈40〜90cm　花期3〜6月

西オーストラリア原産。白いビロードのような産毛に覆われた葉が特徴。淡いブルー系の小花も魅力的です。
●管理のポイント
過湿に弱く、乾燥気味に育てるのがポイントです。暖地での耐寒性はありますが、強い霜には当てないよう冬は軒下で管理。強い剪定は嫌うので、花後に伸びた枝を軽く剪定します。

オレアリア'リトルスモーキー'

キク科　常緑低木　樹高30〜60cm

西オーストラリア原産。細くしなやかな枝がコンパクトに茂り、丸い形の小さなシルバーリーフが寄せ植えやハンギングを引き立てます。春と秋にごく小さな黄色い花をつけますが、あまり目立ちません。
●管理のポイント
梅雨と真夏の高温多湿に弱いため、水はけがよい土壌に植え西日が当たらない所で管理を。冬は霜に当てないようにします。

オレガノ'ケントビューティー'

シソ科　多年草　草丈10〜30cm　花期5〜7月、9〜11月

「花オレガノ」と呼ばれる観賞用のオレガノです。花のように見えるのはじつは萼で、萼の合間から咲くピンクの小花が本来の花です。垂れるように成長するので寄せ植えやハンギングの素材として人気です。
●管理のポイント
高温多湿に弱いので、真夏は風通しがよい半日陰で管理します。水はけ・通気性のよい土に植え、過湿に注意。

カレックス

カヤツリグサ科　常緑多年草　草丈10〜40cm

多彩な品種があり、葉幅が広めのものから細いもの、色はブロンズ色、ライムグリーン、イエロー、緑色、斑入り葉などがあります。性質も湿地を好むものから乾燥気味を好むものまで多種多様です。
●管理のポイント
古い葉が枯れ込んできたり、葉先が茶色くなったら、地際を3〜5cm程度残して切り戻しましょう。

ブキャナニー　　フロステッドカール

キンギョソウ'ブロンズドラゴン'

オオバコ科　多年草　草丈約20cm　花期4〜10月

シックな銅葉色の葉を持つ、わい性のキンギョソウ。ピンクと白のバイカラーの花色と葉色のコントラストがおしゃれで、寄せ植えやハンギングのカラーリーフとしても活躍します。
●管理のポイント
多湿と蒸れに弱いので、開花が終わったあとに1/3程度の高さに切り戻すと、秋からまた花が楽しめます。切り戻しの際は、下葉はつけた状態にします。

ギンバイカ 斑入り小葉種

フトモモ科　常緑低木　樹高50〜60cm　花期5〜6月

初夏に梅の花のような白い花を枝先に開花させ、「祝いの木」という別名もあります。葉には芳香があり、病害虫に強く、ハーブとしてマートルの名前でもよく知られています。

●管理のポイント

水はけのよい土に植え、日向で管理を。翌年の花つきが悪くならないよう、樹形を乱す枝を花後すぐに剪定します。

黒龍

キジカクシ科　常緑多年草　草丈約20cm　花期8〜10月

寄せ植えやガーデンにワンポイントとして植えると、黒い葉色と細い葉のフォルムがアクセントとなり、まわりの植物を引き立たせます。日向から日陰までどんな場所でも育ちます。

●管理のポイント

真夏の直射日光は避けます。葉の色が緑っぽくなったら緑の部分を摘み取り、光の多い所に置くと黒っぽくなります。

コプロスマ

アカネ科　常緑低木
樹高20〜100cm

光沢のあるカラーリーフが魅力で、多種多様な園芸品種があります。成長速度が遅く、コンパクトな常緑低木なので、寄せ植えやハンギングバスケットの素材として重宝します。

●管理のポイント

日当たりを好み、日照が不足すると冬期に葉の色が美しく出ないことがあります。暖地以外では冬は屋内に取り込みましょう。

コーヒー

ブルンネア

ビートソンズゴールド

シルバーサプライズ

マーブルクイーン

コルジリネ

キジカクシ科　常緑低木
樹高10〜200cm

カラフルな剣状の葉が魅力で、庭園やコンテナのアイキャッチャーとなり、モダンでスタイリッシュな印象を与えます。

●管理のポイント

ハダニがつかないよう定期的に薬剤を散布するか、水をかけて防ぎます。枯れた葉は下に引っ張ると容易に取り除けます。屋外の日当たりのよい場所で管理しましょう。

エレクトリックピンク

ゴンフォスティグマ・ヴィルガツム

フジウツギ科　常緑〜半常緑低木　樹高30〜200cm
花期4〜10月

南アフリカ原産。一年中美しいシルバーリーフが楽しめ、スラリとした枝の先端に白い小さな花が咲きます。耐寒・耐暑性があり、栽培しやすい植物です。

●管理のポイント

切り戻しをしないと枝が上に伸びすぎて樹形が乱れるので、花後に強剪定して樹形を整えます。剪定すると、春から秋まで繰り返し花が咲きます。

寄せ植えに使いやすいカラーリーフ

サルビア・カナリエンシス

シソ科 常緑低木（多年草扱い）
草丈20〜200cm 花期6〜10月

産毛が生えたシルバーホワイトの葉は、フェルトのような質感がユニークで、寄せ植えのアクセントとして活躍します。ブルーの花とシックなバイオレットの萼のコントラストも魅力です。

●管理のポイント
日当たりを好みます。夏は多湿を避け、乾燥気味に育て、花後に伸びすぎた株を刈り込むと、より花つきがよくなります。

カナリエンシス'ランスロット'

シロタエギクの仲間

キク科 多年草
草丈20〜70cm 花期6〜7月

シロタエギク

シロタエギクは葉に切れ込みがあり、'エンジェルウィングス'は大きな葉が特徴。シルバーホワイトの葉が寄せ植えやハンギングのアクセントになります。

セネシオ
'エンジェルウィングス'

●管理のポイント
成長が早いので、伸びすぎたら好みの高さで切り戻しましょう。真夏の強い日差しと高温多湿が苦手。真夏は風通しがよく、半日陰の場所で育てます。

ティアレラ

ユキノシタ科 常緑多年草
草丈15〜30cm 花期4〜6月

ヒューケラに似ていますが、ヒューケラの花がつぼ状なのに対し、ティアレラは白か薄桃色の小さな花を穂状にたくさんつけます。

●管理のポイント
常緑で冬を越しますが、夏の強い日差しは苦手なので、風通しのよい日陰から半日陰で管理。春が近づき株元から新しい葉が出てきたら、前年の傷んでいる葉はつけ根からカットします。

トリフォリウム'イエローリボン'

マメ科 一、二年草 草丈15〜30cm 花期4〜6月、9〜10月

一般的なクローバーよりも小型で、黄緑色の葉が寄せ植えやハンギングを明るく彩ります。春〜夏に直径1cmほどの小さな黄色の花を次々と咲かせ、夏はいったん開花が止まりますが、秋にまた咲き始めます。

●管理のポイント
高温多湿にやや弱いので、乾燥気味に育てます。伸びすぎたら半分ほどカットして草姿を整えましょう。

ニューサイラン

キジカクシ科 常緑多年草 草丈60〜300cm

コルジリネと似ていますが、ニューサイランは草本類です。葉色は銅葉、紫、グリーン、シルバー、斑入り葉など多彩で、アイキャッチャーになります。

●管理のポイント
日当たりを好みますが、夏の直射日光で葉焼けすることがあるので半日陰で管理を。枯れた葉や傷んだ葉はつけ根から切り落とします。株分けは4月が適期。

サーファーブロンズ

バロータ

シソ科 常緑多年草 草丈20〜50cm

耐寒性・耐暑性があり、立ち性でこんもり茂ります。ふわふわとした肉厚のシルバーリーフは寄せ植えやハンギングに最適。初夏に小さいピンクの花が咲きます。

●管理のポイント
多湿には弱いので、水はけのよい土に植えます。春から夏は成長が早いので、適宜切り戻しを。切った茎を挿し穂にし、簡単に増やせます。

ヒューケラ

ユキノシタ科 常緑多年草
草丈20〜60cm 花期5〜7月

葉色が多彩なヒューケラは、カラーリーフプランツの代表格。冬でも地上部が枯れないので、寄せ植えやハンギングのバイプレイヤーとしておすすめです。初夏に咲く花も魅力。

●管理のポイント
春先に古葉を整理し、秋に花茎や傷んだ葉を切除します。植えつけて約3年で茎が立ち上がり草姿が乱れるので、茎を埋めるように植え直します。3〜4月、9〜10月が株分け適期。

リップスティック　　オブシディアン

フレッシュグリーン

ドルチェ シルバーデューク

ドルチェ チェリーコンポート

ドルチェ バタークリーム

ドルチェ フローズンマスカット

ヒメツルソバ（ポリゴナム）

タデ科 匍匐性多年草 花期4〜11月

コンペイトウのような丸いピンクの花が愛らしく、晩秋になると葉が美しく紅葉します。繁殖力が強く、関東以西の暖地では屋外で越冬が可能。

●管理のポイント
暑さに強く日陰でも育ちますが、日向のほうが花つきがよくなります。−5℃以下になる寒冷地では、冬季は室内で管理してください。

プラチーナ（カロケファルス）

キク科 常緑低木 樹高20〜70cm

別名クッションブッシュ。細いヒモ状の葉からなる独特の姿はどの植物とも合わせやすく、寄せ植えやハンギングのアクセントになります。

●管理のポイント
高温多湿が苦手なので、梅雨から夏の間は雨が当たらない場所で管理を。霜に当てなければ暖地では屋外で越冬します。樹形が崩れたら、切り戻すと形が保てます。

ヘデラ

ウコギ科 つる性常緑低木

「アイビー」とも呼ばれ、明るい白斑や淡黄色のマーブル柄、グレーなど葉色が豊富で、細葉のものから大きな葉まで多種多様です。強健で屋外で越冬し、繁殖力も旺盛です。

●管理のポイント

成長期にあたる春〜秋の間に、古くなった葉や邪魔な葉を剪定します。成長期はなるべくこまめに水やりをしてください。

雪の華

白雪姫

ヘーベ

オオバコ科 常緑低木 樹高60〜70cm 花期4〜6月

季節によって葉色が変化し、秋に気温が下がると鮮やかな赤紫になる品種も。春には小さな紫色の花が咲き、一年を通して表情の変化が楽しめます。

●管理のポイント

日当たりを好みますが夏の強い日差しと高温多湿が苦手なので、梅雨〜夏は風通しのよい涼しい場所で管理を。冬は霜を当てないようにします。

アイスイザベラ

ベイビーピンク

ヘミジギア

シソ科 多年草
草丈30〜50cm 花期5〜7月、10〜12月

軽やかな印象の斑入り葉は、カラーリーフとして活躍。穂状に咲く白、ピンク、紫などの花と葉のコントラストが魅力的です。

●管理のポイント

日当たりと風通しを好み、日照不足になると花つきが悪くなります。ただし夏は半日陰に置くように。過湿に気をつけ、冬は部屋に取り込み乾燥気味に管理します。

ヘリクリサム‘シルバースノー’

キク科 常緑低木（多年草扱い） 草丈20〜60cm
花期5〜7月

肉厚で線状の細いシルバーリーフが美しく、よく分枝します。初夏頃に、先端にハハコグサに似た黄色い小花が咲きます。

●管理のポイント

耐寒性に優れ、日当たりと風通しを好み、過湿を嫌います。高温多湿時には蒸れやすいので、梅雨前に込み合っているところは剪定しましょう。冬は水を控えめに。

ベロニカ‘オックスフォードブルー’

シソ科 半常緑多年草 草丈10〜15cm 花期3〜5月

匍匐性（ほふく）で細い茎に小さな葉がたくさんつき、鉢の縁に植えるとブルー系の小花がこぼれるように咲きます。葉は秋から銅葉色になり、カラーリーフとして活躍します。

●管理のポイント

多湿を嫌うので、夏の蒸れに注意しましょう。花後に半分ほど切り戻すと、株姿が整い、蒸れも防止できます。夏の直射日光は避けましょう。

マンリョウ‘紅孔雀’

サクラソウ科 常緑小低木 樹高30〜100cm
結実期11月〜翌3月

夏から秋にかけて新芽の縁に赤い斑が入る、砂子斑入り葉品種。秋〜冬に赤い実をたくさんつけ、お正月の縁起物「万両」として寄せ植えなどに利用されます。

●管理のポイント

強い直射日光と乾燥を嫌い、半日陰〜明るい日陰が適していますが、極端に暗い場所では花つきや実つきが悪くなります。水はけのよい肥沃な土壌が好み。

メラレウカ‘レッドジェム’

フトモモ科　常緑低木　樹高60〜80cm（最大約3m）
花期6〜7月

葉にほのかに柑橘系の香りが
あり、繊細な葉は秋の低温に当
たると葉先がより赤くなります。
初夏に小さな羽毛状の白い花
を咲かせます。
●管理のポイント
水を好むので、水切れに注意。
とくに植えつけ直後などは十分
に水を与えましょう。暑さには比
較的強いですが、冬の寒風には
弱いので当てないように。

ラミウム・マクラツム

シソ科　半常緑多年草　草丈10〜20cm　花期5〜6月

シルバーやライトグリーン、斑入り葉の品種は寄せ植えやハン
ギングなどに重宝します。茎を立ち上げて花を咲かせ、基本種
の花色はピンク。白花
品種もあります。
●管理のポイント
夏の強い日差しと暑
さにはやや弱く、明る
い日陰〜半日陰が適
しています。花をたく
さん咲かせるには、
春は日の当たる場所
で管理します。

ミスマーメイド

ルブス‘クラシックホワイト’

バラ科　葡匐性常緑低木　花期9〜10月　結実期11月〜翌1月

低山などで見られる野生のフユイチゴ。晩秋から冬にかけて
赤い実がなり、甘酸っぱい味がします。葉は斑入りで丸っこ
く、縁に細かい鋸歯が、裏には細かい毛があります。野趣のあ
る姿が魅力。
●管理のポイント
丈夫で栽培は容易。
日向〜半日陰で、冬
は風があまり当たら
ない所で管理しま
す。つるが伸びすぎ
たら、適宜切り戻しま
しょう。

雪鏡

ルブス‘サンシャインスプレーダー’

バラ科　半常緑低木　結実期6〜7月

ナワシロイチゴの改良品種で、黄金葉が美しいカラーリーフ。
春にイチゴのような花が咲き、ラズベリーのような小さな実が
なります。小さな棘が
あるので、植えつけ
時は注意を。
●管理のポイント
耐寒性・耐暑性は強
く、丈夫で土質や日照
を選びません。コンパ
クトに育てたい場合
は適宜剪定します。

ヤブコウジ 斑入り

サクラソウ科　常緑低木　樹高10〜30cm
結実期11月〜翌3月

赤い実が美しく、「十両」という
別名でお正月の縁起物とされま
す。江戸時代には、斑入り品種
は高値で取引されたそうです。
●管理のポイント
強い乾燥を嫌い、夏の強い日差
しや西日に当たると葉焼けを起
します。樹形が乱れたら、適度
に枝を切り揃えます。鉢植えは
根詰まり防止のため2〜3年に1
回くらいの頻度で植え替えを。

ユーフォルビア

トウダイグサ科　常緑多年草
草丈40〜80cm　花期4〜6月

ユーフォルビアは非常に種類が
豊富で、カラーリーフとして活躍
するのは銅葉品種や斑入り、シ
ルバー系の品種。いずれも早春
から春に黄色い花を咲かせます。
●管理のポイント
通気性のよい用土で乾燥気味
に管理。高くなりすぎたら、花
後に株元から強剪定を。切り口
から出る乳白色の液に触れると
かぶれることがあるので注意。

ゴールデンレインボー

ブラックバード

イベリス

アブラナ科　多年草、一年草　草丈10〜30cm　花期4〜6月

一年草のものと多年草のものがありますが、一般的に流通しているのは、多年草タイプです。主に白花で、淡い藤色の花もあり、最盛期には株が見えなくなるほどの花を咲かせます。

●管理のポイント
高温多湿に弱いので、夏は強い日差しを避けて風通しのよい場所で管理を。多年性のものでも夏に枯れることがあります。

エリゲロン・カルビンスキアヌス

キク科　多年草　草丈20〜50cm　花期4〜12月

直径2cmくらいの小菊のような花は、咲き始めは白く、咲き進むにつれてピンクへと変化し、紅白の2色咲きのように見えます。暑さ寒さにも強く、荒れ地でも育つほど丈夫です。

●管理のポイント
日向〜半日陰で、少し乾燥気味の水はけがよい環境を好みます。蒸れに弱いので、伸びてきたら思い切って切り戻しすると、夏の蒸れ防止になります。

オキザリス

カタバミ科　多年草、一年草
草丈5〜20cm　花期（品種によって、四季咲き、春咲き、冬咲きなど多様）

性質や形態は変化に富み、葉の形もさまざまです。花は日が当たると開き、夜間や天気の悪い日には閉じます。花期の間は次々と開花し、最盛期には株を覆うように花を咲かせ見事です。

●管理のポイント
日当たりを好みます。耐寒性がやや弱いので、冬は軒下などの霜の避けられる場所で管理を。夏に休眠する品種は水を切り、軒下などに置きます。

オックスローズ

ラブハピネスローズ

バーシーカラーゴールデンケープ

ペアリーフ

黄昏

スーパーアリッサム'フロスティーナイト'

アブラナ科　常緑多年草　草丈15〜30cm　花期周年

耐寒性・耐暑性があり、ほぼ周年純白の花を楽しめる斑入り葉品種。生育旺盛であふれるように咲く草姿は、コンテナやハンギングでも活躍します。

●管理のポイント
日当たりを好みます。満開後、株が乱れてきたら徒長した茎を切り戻します。新芽が吹き、締まった株で再び満開の花を楽しめます。

ユーフォルビア

トウダイグサ科　一年草扱い
草丈20〜60cm　花期3〜10月

花に見える部分は苞。夏の暑さや病気に強く、早春から晩秋まで繊細な純白の小花があふれるように咲き、名脇役としてどんな植物にも合います。

●管理のポイント
寒さに弱いため一年草扱い。肥料が不足すると葉が黄色くなるので、開花中の肥料は欠かさないように。株が乱れたら枝先を刈り込むと、再び咲きます。

ダイアモンドスノー

ブレスレスブラッシュ

［第2章］
長く楽しめる
寄せ植えづくり

半年以上、常に美しい状態を楽しめる寄せ植えのつくり方をご紹介します。

一部手直しすることで、数年にわたって楽しめるタイプの

寄せ植えもあります。

球根を使った寄せ

● 3シーズン楽しめる

秋から春まで違った表情を楽しめるのが、球根を使った寄せ植えです。秋に咲き始める花と、チューリップやスイセンなど春に咲く球根で寄せ植えをつくると、春の訪れとともに球根が芽を出し、開花すれば爛漫の春を楽しむことができます。

たとえばチューリップの場合、「早生品種」は3月下旬から咲き始め、「中生品種」は4月中旬から、「晩生品種」は4月下旬から咲き始めます。そのため花期の異なる球根を植えると、1種類が終わると次が咲く「リレー咲き」も楽しめます。

● 冬もよく咲くパンジー、ビオラが活躍

球根を取り入れた寄せ植えで活躍するのが、冬の間も花が咲いているパンジー、ビオラや小型のシクラメンです。いずれも秋に苗が売り出しになるので、秋植え球根と植えつけ時期も重なりますし、よく咲いてくれるため、球根植物が芽を出す前も十分華やかな寄せ植えになります。

球根とこれらの花、脇役の小花、カラーリーフの組み合わせが基本型。この他、多肉植物と球根植物の組み合わせなど、工夫次第でさまざまな寄せ植えを楽しめます。

11月

植えつけ終了

まだビオラの株が小さいですが、すぐに大きくなります。花がまだ少ない分、あえて枝が暴れた香りゼラニウムで動きを出し、躍動感を表現。銅葉のコプロスマが、全体を引き締めます。

❶ チューリップ'ラ ベルエポック' 3球
❷ ビオラ'神戸ビオラ グランバニーレッド'
❸ ティアレア'シルベラード'
❹ コプロスマ・レペンス
❺ ビオラ'オリジナルビオラ' 3種
❻ 香りゼラニウム'シナモン'

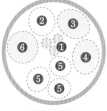

配置図

チューリップが蕾をつける

3月

ビオラが大きく育ち、ティアレアの花も満開。チューリップが、ぐんと伸びて蕾をつけています。

植え

球根を使った寄せ植え

チューリップが満開。表情が一変し、華やかな寄せ植えになりました。ビオラは適宜切り戻してリフレッシュすれば、まだまだ咲きます。

4月

チューリップが満開

白とパープルを基調にした
上品な一鉢

淡いパープルが基調の
エレガントで上品な寄せ植え。
フリル入りのパンジーに
ふんわり包まれるように
白い八重のチューリップが咲き
その後、パープルと白の
品種が開花します。

エキゾチックエンペラーが咲き終わり、フレミングフラッグが茎を伸ばし新たな主役に。

管理のポイント

春になると水をよく吸うので、水切れに注意。パンジーはこまめに花がら切りをしましょう。月に1度、置き肥を施します。

カレンダー

1	2	3	4	5	6	7	8	9	10	11	12

植えつけ ●━━━●

●━━━━━━━━━ 観賞期

使う鉢

グラスファイバー製
直径28cm×高さ30cm

配置図

植える植物

**❶チューリップ
'エキゾチックエンペラー' 5球**

**❷チューリップ
'フレミングフラッグ' 3球**

❸ スキミア

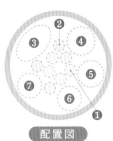

**キンギョソウ
'ブロンズドラゴン'**

**オレアリア
'リトルスモーキー'**

**ヒューケラ
'シルバースクロール'**

**パンジー
'絵になるスミレ パルム'**

つくり方

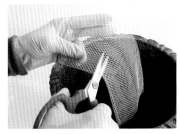

1 球根が入っていた網の袋を適当な大きさに切り、鉢底網として使用。

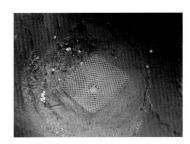

2 鉢穴に、網をかぶせる。

3 鉢が深い場合は、全体の1/5くらいまで鉢底石を入れる。

4 培養土を入れる。

5 球根の高さ＋苗の根鉢の高さ、ウォータースペース分を考慮して土の量を決める。

6 チューリップの球根は皮をむく。

7 球根に小さなわき芽（外側球芽）がついている場合は、取り除いておく。

8 2種のチューリップの球根を植える準備が完了。

9 チューリップの球根は、ふくらんだ側が揃うように配置する。

10 球根が隠れるまで土を入れる。

球根の向きについて

球根を植える際、向きを揃えると葉の向きが揃います。葉の向きが揃っていると開花時に葉が邪魔にならず、見た目も落ち着きます。皮をむくのは、球根の状態をチェックする役目も。中がブヨブヨだったり、硬くなりシワシワだと開花しない場合もあるので、そういう球根は除外します。

ふくらんでいる　平ら

11 ポットのまま苗を仮置きし、おおよその場所を決める。

12 スキミアをポットから抜いたところ。根鉢が回っているので下のほうをほぐし、手で握ってもむようにして根鉢を緩めておく。

13 根鉢を緩めたスキミアの苗を、所定位置に置く。

14 パンジーの苗をポットから抜いたところ。黄色くなった葉は取り除き、根鉢を軽く崩しておく。

15 パンジーを所定の位置に置く。

16 他の苗も順次置き、株と株の間に筒形土入れで培養土を入れる。

17 割箸を使うと球根を傷つける可能性があるので、指で土の表面を押さえて土中の空洞をなくす。

18 真ん中の部分からチューリップが伸びるので、真ん中はあけておく。

19 蓮口を外したジョウロで、鉢穴から流れ出るまでたっぷりと水をやる。

でき
あがり

チューリップのリレー咲きで 春を満喫

早生咲きの'アプリコットビューティー'と入れ替わるように、華やかな'ガボタ'が開花。
葉が大きいセネシオと、細い葉のカレックスがきいています。
正面がとくにない「四方見」の植え方なので、置く場所を選びません。

4月

植えた直後の様子。カレックスが噴水のようで、セネシオと引き立て合っています。ビオラやイベリスは株が大きくなるので、間をあけて植えるように。

3月

チューリップが伸びてきて、蕾をつけています。全体にこんもりして、黄色が主体で早春らしい雰囲気に。

管理のポイント

イベリスは花が終わったら切り戻しを。咲き終わった'アプリコットビューティー'は、抜いてしまってもかまいません。

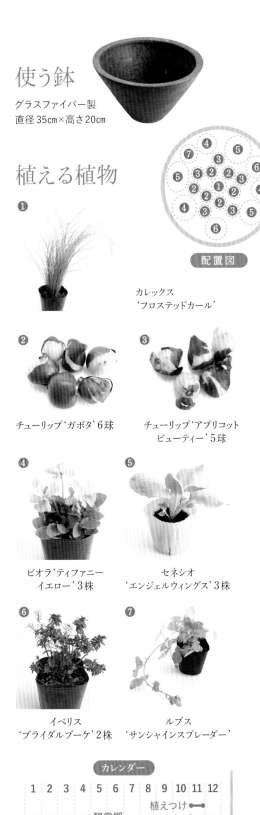

使う鉢

グラスファイバー製
直径35cm×高さ20cm

植える植物

配置図

球根を使った寄せ植え

❶

カレックス
'フロステッドカール'

❷ チューリップ'ガボタ'6球

❸ チューリップ'アプリコット
ビューティー'5球

❹ ビオラ'ティファニー
イエロー'3株

❺ セネシオ
'エンジェルウィングス'3株

❻ イベリス
'ブライダルブーケ'2株

❼ ルブス
'サンシャインスプレーダー'

カレンダー

1	2	3	4	5	6	7	8	9	10	11	12
								植えつけ			
観賞期											

✳ビオラの花期が終わったら、他の花に植え替えると、周年楽しめる。

つくり方

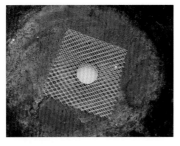

1 鉢穴に鉢底網をかぶせる。写真は球根が入っていたネットを使用。

2 鉢底から3cm程度、鉢底石かパーライトを入れる。

3 根鉢の高さを考慮して、培養土を適量入れる。

4 チューリップの球根は、皮をむいておく。

5 真ん中にカレックスを植える場所をあけて、球根の向きを揃え、リング状に配置する。

6 球根がちょうど隠れるくらい培養土を入れる。

7 かなり根鉢が回っているカレックス。手でほぐせない場合はハサミを入れて表面をはぎ取り、根を軽くほぐす。

8 球根を植えていない中央部分にカレックスを置く。

9 同一植物が三角形になるよう、ポットのまま他の植物を仮置き。

10 ひとつずつ苗をポットから抜いて、順番に植えていく。

11 根鉢が回っている場合は適度に根をほぐして緩める。

12 仮置きしたまま、植える分だけ元の場所に戻す。

13 苗をすべて鉢に配置した状態。

14 苗の間に、丁寧に培養土を入れていく。

15 指を軽く差し込み、土の中の空洞をなくす。

16 鉢の縁はヘラなどで突いて空洞をなくす。土が沈んだ分、土を足す。

17 蓮口を外したジョウロで、鉢穴から流れ出るまでたっぷり水をやる。

できあがり

🧅 チューリップが花束のように咲く 「花束植え」

球根の頭を中心に向けて並べると、根元が集まった状態で芽が伸び
花束のような咲き方に。ピンク主体の寄せ植えに白いムスカリと斑入りのヘデラが
さわやかさを添え、2種のコプロスマが甘くなりすぎないようスパイスの役目を。

4月

管理のポイント

チューリップの葉が大きくなったら、風通しが悪くならないよう、ヘデラやシクラメンの葉を多少減らしてもかまいません。

カレンダー

1	2	3	4	5	6	7	8	9	10	11	12
										植えつけ	
●━━━━━━━━━━→ 観賞期										●━●	

晩秋〜冬に活躍するシクラメンは、模様のある葉がカラーリーフの役目も果たします。その他、銅葉や斑入り葉など、さまざまなカラーリーフで華やかさを演出。

使う鉢

ブリキ製
幅30cm×奥行22cm
×高さ20cm

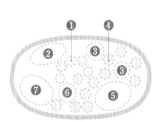

配置図

植える植物

❶ チューリップ 'ルーブル'
5球

❷ コプロスマ
'シルバーサプライズ'

❸ シクラメン
'フェアリーピコ'

❹ ムスカリ 'ホワイトマジック'
11球

❺ ヘデラ '雪の華'

❻ ガーデンシクラメン
'オリガミ'

❼ コプロスマ・ブルンネア

つくり方

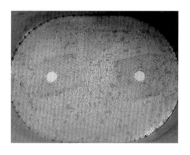

1 鉢穴に鉢底網をかぶせる。写真は球根が入っていたネットを使用。

2 底から3cmくらい、鉢底石を入れる。

3 培養土を入れる。

4 培養土の量は、植える苗の根鉢の高さを考慮して決める。

5 球根は皮をむき、平らなほうを下にし、頭を中心に向けて並べる。

6 球根がちょうど隠れるくらい培養土を入れる。

7 他の苗をポットのまま仮置きする。

8 苗を植える際は、根鉢の肩の部分の雑草や苔を取り除く。

9 シクラメンは枯れた葉をあらかじめ取り除いておく。

10 シクラメンは球根植物なので、根鉢は崩さずそのまま植える。

11 シクラメンは浅めに植える。必要に応じて土を足す。

12 苗と苗の間5ヵ所くらいに、ムスカリの球根を数球ずつ埋めていく。

13 筒形土入れで、株元まで丁寧に土を入れる。

14 鉢の縁沿いは、ヘラや割箸などを挿して土中の空洞をなくす。

15 真ん中の部分は、チューリップが出てくるのでこのくらいあけておく。

16 蓮口を外したジョウロで、鉢穴から流れ出るまでたっぷり水をやる。

でき
あがり

3月
下旬

チューリップがぐんぐん伸びて、蕾もふくらんでいます。チューリップの葉と、シクラメンの花のピンクとのコントラストもさわやか。ムスカリは、チューリップに先がけて咲いています。

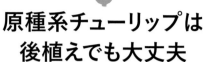
10月

原種系チューリップは
後植えでも大丈夫

原種系チューリップは球根が小さく
手で土に軽く押し込んだだけで植えられます。
そのため苗を植え終えてから
球根を配置することが可能です。
そのほうが全体のバランスを見て
位置を決められるので、おすすめの方法です。

4月

花の底が黄色いことから「ポーチドエッグ」とも呼ばれる、原種系チューリップの'ライラックワンダー'。
小輪のビオラとの相性も抜群です。ブラックリーフの黒龍がアクセントに。

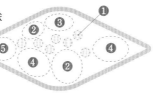

球根を使った寄せ植え

管理のポイント

冬の寒さに当たらないとチューリップは開花しないので、冬季も戸外で管理します。冬の水切れにも注意を。

上から見たところ

使う鉢

グラスファイバー製
幅48cm×奥行22cm×高さ20cm

植える植物

① 原種系チューリップ'ライラックワンダー' 7球
② イベリス'ブライダルブーケ' 2株
③ キンギョソウ'ダンシングクイーン'
④ ビオラ'神戸ビオラ
　　リトルバニー ブライトパープル' 2株
⑤ 黒龍

配置図

カレンダー

1	2	3	4	5	6	7	8	9	10	11	12

植えつけ

観賞期

つくり方のポイント

小輪のビオラは春に苗が大きく育つので、植える際は苗と苗の間をあけるようにします。苗をすべて植えてから、原種系チューリップの球根を植えます。

チューリップを植えたい場所に、ヘラや割箸で穴をあける。

穴に球根を埋めて、球根の頭がしっかり隠れるまで土をかぶせる。

原種系チューリップ について

原種系チューリップとは、野生種のチューリップや、野生種に近い品種のチューリップを指します。一般的なチューリップより小型で葉も細く、野趣のある楚々とした雰囲気が魅力。植えっぱなしでも2〜3年咲き、近年人気が高まっています。

プルケラテタテタ

ライラックワンダー

ティティーズスター

トルケスタニカ

多肉植物から
🌱 原種系チューリップが顔を出す

4月

11月

さまざまな葉色のセダムに、
アクセントになるヘデラと
オキザリスを添えて。
春になると草丈約15cm、
花径約5cmの
ちっちゃくてかわいらしい
原種系チューリップが咲きます。
野趣あふれる雰囲気が魅力です。

植えた直後の様子。オキザリスは
1月まで、次々と咲きます。この寄
せ植えにおけるセダムは、イメージ
としてはグラウンドカバーです。

管理のポイント

セダムは冬季、それほど水を必要としませんが、水切れになるとチューリップが咲かなくなるので、水やりは忘れずに。

使う鉢

アンティークの缶の底に穴をあけたもの
幅32cm×奥行23cm×高さ11cm

配置図

植える植物

❶ セダム・ヒスパニクム
'プルプレア'

❷ セダム・パリダム

❸ 原種系チューリップ
'リトルビューティー' 7球

❹ セダム'マルバマンネングサ
ゴールド' 2株

❺ オキザリス'ニューイエロー'

❻ セダム・スプリウム
'トリカラー'

❼ ヘデラ'白雪姫'

❽ フェディムス・スプリウス
'ドラゴンズブラッド'

つくり方

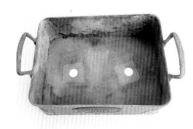

1 鉢穴に鉢底網をかぶせる。写真は球根が入っていたネットを使用。

2 浅い器なので鉢底石は使わず、直接培養土を入れる。

3 器の半分くらいの深さまで土を入れる。

球根を使った寄せ植え

4 ポットごと苗を仮置きして、植える
　位置を決める。

5 グラウンドカバーからオキザリスが
　生えているイメージで配置。

6 端の苗からポットを抜いて植えて
　いく。

7 根が短い場合は、土を足して地表
　の高さが揃うようにする。

8 すべての苗を植え終えたところ。

9 苗と苗の間に、原種系チューリップ
　の球根を埋める。

10 1球1茎なので、パラパラしないよう
　 多少近づけて植える。

11 苗と苗の間に培養土を入れる。

12 球根を傷つけないよう、指で土を
　 押して土中の隙間をなくす。

13 縁はヘラや割箸などで土を突いて
　 土中の隙間をなくす。

14 器を床などに軽く打ちつけて土を落
　 ち着かせ、土が沈んだ分は足す。

15 蓮口を上に向けたジョウロで、鉢
　 穴から流れ出るまでそっと水やりを
　 する。

上から見たところ

でき
あがり

球根を使った寄せ植え

原種系チューリップが咲き終わったら

原種系チューリップは、葉が茶色くなったら抜いてポットなどに植え替えて休眠させます。
セダムは伸びたら切り戻しを。切った葉は挿し芽をして、新しい苗を育てることができます。

原種系チューリップが咲き終わり、葉が枯れてきた様子。

セダムの切り戻しと挿し芽

1 伸びた茎は、半分くらいに切り戻す。

2 切り取った部分。

3 ビニールポットに培養土を入れ、指で穴をあける。

4 切ったセダムの向きを揃え、束ねておく。

5 束ねた状態のまま、穴に植える。

6 水やりはせず、風通しのよい日なたで管理する。

スイセンをたっぷりのパンジーが
ふわっと包む

冬の間は、ふわふわっと茂るパンジーが陽だまりのような温かさを感じさせ、
暖かくなると1茎にいくつも花が咲く上品なスイセン'タリア'と
小型で愛らしい'ジェットファイヤー'が春の訪れを知らせてくれます。

球根を使った寄せ植え

使う鉢

ブリキ製
幅36.5cm×奥行19.5cm×
高さ17cm

管理のポイント

パンジーは花がら切りだけではなく、伸びすぎたら適宜切り戻しを。次々と花を咲かせるので、月に1回の置き肥を忘れないようにしましょう。

植える植物

❶スイセン'タリア' 4球

❷スイセン'ジェットファイヤー' 9球

バロータ

❹パンジー'ミュシャ'

❺パンジー'シェルブリエ'

❻パンジー'ブラック'

❼エリゲロン・カルビンスキアヌス

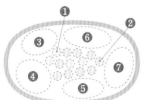

配置図

カレンダー

1	2	3	4	5	6	7	8	9	10	11	12

植えつけ

観賞期

つくり方

1 鉢穴に鉢底網をかぶせる。写真は球根が入っていたネットを使用。

2 深さ3〜5cmまで、鉢底石を入れる。

3 根鉢の高さを考慮して培養土を適量、入れる。

4 2種のスイセンの球根を取り混ぜて並べる。球根の皮はむかない。

5 ポットのまま、苗を仮置きする。

6 苗をポットから出して植えていく。

7 パンジーは、花がらや黄色くなった葉をあらかじめ取り除き、根鉢を軽く崩してから植える。

8 根元まで丁寧に土を入れ、指で押して土中の隙間をなくす。植えつけ後、たっぷりと水をやる。

できあがり

52

長く美しく楽しむために
パンジー、ビオラは切り戻しを

パンジーやビオラを長く美しく楽しむには、花から切りだけではなく、切り戻しも必要です。春になると茎が徒長する（伸びすぎて間伸びすること）ので、茎の長さの1/3〜1/2切り戻します。切り戻しによって株をリフレッシュさせることができますが、目的はそれだけではありません。球根を植えた寄せ植えの場合、球根が芽を出した際に日陰になっていると、健康に育ちません。芽が出始めたら、そのまわりを透かす意味合いも兼ねて、切り戻しをしましょう。

3月に入ると、どんどん茂り始める。

切り戻し

茎の1/3〜1/2程度を切り戻す。

切り戻したところ。

切った茎。

球根の芽に光が当たるように

球根の芽のそばは、多めに切り戻す。

手入れ後

切った花は、小さな瓶に生けて楽しんで。

一部手直しをして、より

ハボタンを使ってお正月飾りに

ハボタンを主役にした、お正月の飾りにもなる寄せ植え。葉形や葉色の異なるリーフで、上品にまとめています。

11月

冬と春でイメージ一新

お正月をはさんで、冬はシックで上品に。
ハボタンをオステオスペルマムに差し替え
チューリップの球根を花束植えにしているので
春は一気に華やかな雰囲気を楽しめます。

赤いチューリップで春爛漫

チューリップが芽を出す頃にハボタンを抜き、2種のオステオスペルマムに差し替えています。キンギョソウやビオラもボリュームを増し、春のエネルギーに満ちた寄せ植えに大変身。

4月

植える植物

① チューリップ'カラーカーディナル' 6球
② エリカ'ブライダルヒース'
③ ハボタン'F1 フレアホワイト' 2株
④ サルビア・カナリエンシス
　 'ランスロット'
⑤ フェスツカ・グラウカ
⑥ ビオラ'神戸ビオラ
　 グランバニーレッド'
⑦ ハボタン（品種不明）2株
⑧ キンギョソウ'ダンシングクイーン'

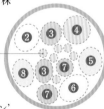

配置図

使う鉢　モルタル製
直径28cm×高さ23cm

管理のポイント ぎっしり植わっているので、冬の間も水切れに注意。ハボタンがトウ立ちしたら、花茎を切ります。

カレンダー

1	2	3	4	5	6	7	8	9	10	11	12

植えつけ ●━●

観賞期（周年）

美しく

一年草の観賞期が終わった後、他の植物に差し替えると
雰囲気も一変。一部手直しをするだけで、印象がガラリと変わり
ひとつの寄せ植えを長期間、楽しむことができます。

3月

3月に一部植え替え

ハボタンを抜いて春の花を加える

茎が伸びすぎたハボタンは、切り戻してしばらく楽しみ、チューリップの芽が出たら抜き取ります。オステオスペルマムは秋にも咲くので、春の花が終わったら切り戻し、秋に再度花を楽しめます。

新たに植える植物

オステオスペルマム
'ブルーベリーシェイク'（左）
オステオスペルマム
'アキラ'（右）

植え替えの手順

1 鉢の縁近くの土に割箸を差し、ハボタンの根を浮かせる。

2 チューリップの球根や芽を傷つけないよう、そっと抜く。

3 チューリップが芽を出している。

4 場所調整のため、エリカもいったん抜く。

5 根鉢を緩めて小さくしたオステオスペルマムを配置。

6 やや手前に傾けてもうひとつの苗を配置する。

植え替え完了

7 バランスを見てエリカの位置を決める。

8 苗の間に土を入れ、割箸などで突いて土中の隙間をなくす。

植える植物

1. ニューサイラン'スペシャルレッド'
2. スイセン'ホワイトマーベル' 4球
3. 原種系チューリップ
   'ホンキートンク' 6球
4. ハボタン'百恵' 2株
5. ラミウム'シルバーリーフ' 2株
6. ネメシア・ストルモサ 2株
7. ウェストリンギア・
   バリエガータ 2株

使う鉢

グラスファイバー製
幅58cm×奥行30cm×
高さ28cm

配置図

秋〜冬はハボタンとネメシアで

秋〜冬の主役はハボタン。ネメシアやラミウムのボリュームがまだ少ないため、背が高く鋭角的なニューサイランで立体感を出します。鉢の脚の高さがある分、植物にも高さをもたせたほうが、全体のバランスがとれます。

春を前に
イメージを変える

脚付きの個性的な鉢とバランスをとるため、
秋〜冬はニューサイランでボリュームを出して。
春前にハボタンをペチュニアに差し替え、
季節感を出します。

スイセンの次はチューリップ

白いスイセンが咲き終わると、淡い黄色の原種系チューリップが開花。球根植物のリレー咲きが楽しめます。

ハボタンをペチュニアに差し替え

上の写真のようにハボタンの形が崩れたら、抜いて春の準備を。白〜イエローの色合いに合わせて、淡いクリーム色のペチュニアに差し替えます。他の植物のボリュームに負けないよう、八重品種を選びました。

カレンダー

1	2	3	4	5	6	7	8	9	10	11	12
		一部手直し						植えつけ			
観賞期											

10月
中旬

小菊で秋を楽しんで

ビオラ、小菊のしべ、ユーフォルビアの覆輪をイエローでつないでいます。ニューサイランの線状の葉が、アクセントに。

植える植物

❶ 原種系チューリップ'アニカ'5球
❷ 原種系チューリップ'シルベストリス'3球
❸ ニューサイラン'サーファーブロンズ'
❹ ユーフォルビア'ゴールデンレインボー'
❺ 小菊'さとの'
❻ ビオラ'神戸ビオラ イエローメリッサ'

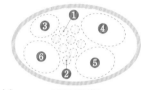

配置図

使う鉢

ブリキ製
幅34cm×奥行20cm×高さ17cm

小さな花で野原のイメージを

小輪のビオラと小菊の、愛らしいイメージの寄せ植え。
伸びすぎたユーフォルビアを切り戻し、ビオラが終わったら抜いて
秋に新たな苗を植えると、再び秋〜春まで楽しめます。

2月

小菊を切り戻す

小菊は咲き終わったら、根元から切り戻します。すでに新しい芽が出ています。

4月

原種系チューリップが開花

イエローの原種系チューリップが咲き終わると、赤のアニカが開花。この後、ユーフォルビアの新しい芽が出たら、古い枝を切り戻し、ビオラを抜いて新しい土を入れて養生させ、秋に備えます。

3月
末

カレンダー											
1	2	3	4	5	6	7	8	9	10	11	12

←→切り戻し　　　植えつけ●→
●━━━━観賞期━━━━●

木を取り入れた寄せ植え

風格を楽しむ

低木を使って風格を

　低木を取り入れた寄せ植えは存在感があるため、門扉のそばやウッドデッキのコーナーなど、シンボルツリー的に飾るのにぴったり。2～3年は植え替えをしなくてすむので、ポイントとなる花を差し替えるだけで、長期間楽しむことができます。

　風格を出したい場合は、どっしりとしたテイストの鉢を使うのがコツ。大きな鉢を使うと全体の重量が重くなりやすいので、鉢底に大粒のパーライトを多めに入れるなどして、重量を軽減します。

　枝が伸びすぎたり茂りすぎた場合は、適宜切り戻しをし、枝を透いて風通しを確保しましょう。

あえて暴れた苗を使ってユニークな寄せ植えを

　鉢植えで育てているうちに暴れてしまったり、茎が伸びすぎてアンバランスな樹形になった低木なども、寄せ植えで再利用すると思いがけない魅力を発揮します。生け花でも個性的な枝ぶりの木を使うことがありますが、それと同じような感覚と思ってください。使い方次第で、動きのある個性的な寄せ植えをつくることができます。

11月

ユニークな樹形が魅力の、ニュージーランド原産のソフォラ・ミクロフィラの寄せ植え。パンジーの花があるだけで、華やかさが出ます（つくり方はp60参照）。

木を主役にし、花を1種取り入れる

4月

マーガレットで初夏の準備

パンジーの季節が終わったら、マーガレット'モリンバダブルディープローズ'に植え替え。1苗でボリュームがあり、花期が長いので、春～初夏、秋の2シーズン楽しめます。

58

12月

3種の木でどっしりと

斑入りのヒイラギ、ギョリュウバイ、スキミア
の3種の常緑樹を使った、クリスマスにも
活躍する寄せ植え。大輪のパンジーで華や
かさを出し、シロタエギク'シラス'が明るい
アクセントに。

使う鉢
グラスファイバー製
直径31cm×高さ30cm

植える植物

① ギョリュウバイ
② サルビア・カナリエンシス
　'ランスロット'
③ ゴシキヒイラギ
④ アイビー
⑤ シロタエギク'シラス'
⑥ パンジー'レッド'
⑦ スキミア'ホワイトドワーフ'

配置図

つくり方のポイント

ボリュームがある寄せ植えなので、アイビーを
鉢にかけるようにすると、鉢から上と鉢部分
のバランスがとれます。

5月

カレンダー

	1	2	3	4	5	6	7	8	9	10	11	12

植えつけ ●——

●———— 観賞期（周年）————————●

サルビアが初夏の主役に

パンジーの花期が終わったら抜いて、穴に新しい土を足
しておきます。サルビア・カナリエンシス'ランスロット'
とシロタエギクが茂り、サルビアの花が初夏を飾ります。

木の枝ぶりの
面白さを楽しむ

ソフォラ・ミクロフィラは、節ごとにジグザグに折れ曲がって成長する
ユニークな樹形が人気のニュージーランド原産の木。
ボリューミーな八重のパンジーを使えば、2苗でも豪華に！

管理のポイント

ソフォラ・ミクロフィラは半日陰でも育つ植物です。夏の直射日光で葉焼けを起こすので、置き場所に注意しましょう。

使う鉢

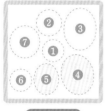

素焼き
1辺27cm×高さ30cm

配置図

植える植物

❶ ピットスポルム
'シルバーシーン'

❷ ソフォラ・ミクロフィラ

❸ サルビア'カリフォルニア
ホワイトセージ'

❹ パンジー
'フェアリーチュール
ウィーン'

❺ パンジー
'フェアリーチュール
ケルン'

❻ コルジリネ
'エレクトリックピンク'

❼ ユーフォルビア
'ゴールデンレインボー'

木を取り入れた寄せ植え

つくり方

1 鉢底網を敷き、鉢底石を全体の1/4程度まで入れてから、培養土を入れる。

2 ソフォラ・ミクロフィラは直根性なので根鉢を崩さないように注意。

3 次は2番目の大きさのピットスポルム。表面の苔は取り除く。

4 根鉢の高さに合わせて土を足して高さを調整する。

5 ソフォラ・ミクロフィラは
横に張り出すよう、やや
傾ける。

6 サルビア'カリフォルニ
ア ホワイトセージ'をバ
ランスよく配置。

7 コルジリネは、外に向
けてやや傾ける。

8 パンジーは根鉢を軽く
緩めてから植える。

9 パンジーとユーフォルビ
アは根鉢に合わせて土
を補って高さを調整。

10 少し離れたところから
見て、植物の向きや角
度を調整。

11 枯れた枝は枝元から切
り取る。

12 苗と苗の間までしっか
りと土を入れる。

13 割箸などで突いて、土
中の隙間をなくす。

14 ソフォラ・ミクロフィ
ラが根づくまで、倒
れないように木の
枝などで支柱を立
てる。

できあがり

4月に一部手直し

パンジーが終わったら、マーガレット‘モリンバ ダブルディープ
ローズ’に植え替えを。3〜6月、9〜11月に開花します。初夏〜
夏は好みで一年草に植え替えるか、そのまま秋の開花を待っても
かまいません。

植える植物

マーガレット‘モリンバ
ダブルディープローズ’

4月の
状態

手直しの手順

1 割箸などでパンジーの
まわりの土をほぐす。

2 パンジーを抜き取る。

3 残っているパンジーの
根や古い土を取り除き、
新しい培養土を足す。

5 マーガレットを配置して
土を入れ、割箸で突い
て土中の隙間をなくす。

**手直し
完成**

こんもりと咲くマーガレットが背の高い寄せ植えの中
央の要となり、華やかさとともに安定感が生まれます。

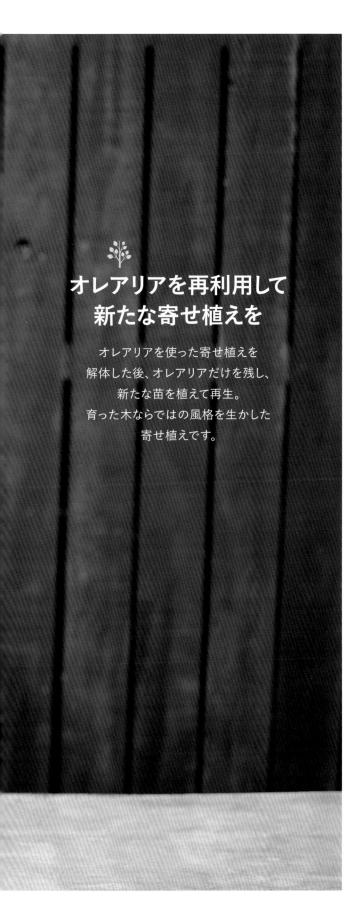

オレアリアを再利用して新たな寄せ植えを

オレアリアを使った寄せ植えを
解体した後、オレアリアだけを残し、
新たな苗を植えて再生。
育った木ならではの風格を生かした
寄せ植えです。

① オレアリアだけを残して解体

観賞期が終わった寄せ植えの植物を、オ
レアリア'リトルスモーキー'だけ残して抜
いた状態。

使う鉢

素焼き
直径28㎝×高さ21㎝

植える植物

黒葉ダリア
'カクテルアミーゴ カシス'
2株

シンニンギア
'バナナズフォスター'
2株

斑入りタリナム

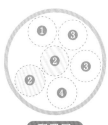

配置図

つくり方

1 植物を抜いた後、土をできるだけ掘って新しい培養土を入れておく。

2 ポットのまま苗を仮置きし、植える場所を決める。

3 背の高いダリアから植える。球根植物なので根鉢は崩さないように。

4 シンニンギアは根鉢がパンパンに回っている場合は、ハサミで切り目を入れて表面の根をはがす。

5 シンニンギアを配置したところ。

6 手前のシンニンギアは、やや外側に傾ける。

7 斑入りタリナムはやや前傾させて配置する。

8 隙間に土を入れる。苗の間と鉢の縁はとくに丁寧に。

9 割箸などで土をよく突き、土中の隙間をなくす。沈んだ分、土を足す。

できあがり

10 蓮口を外したジョウロで、鉢底から流れ出るまで、たっぷりと水をやる。

管理のポイント

できるだけ日の当たる所で管理を。ダリアは地上部が枯れてきたら、掘り上げてポットに植え、凍らない所で水を切って貯蔵します。

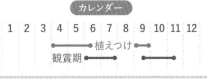

カレンダー

1	2	3	4	5	6	7	8	9	10	11	12
			●——植えつけ——●								
	観賞期 ●————●							●——●			

徒長した木の魅力を
引き出す

何年か放置した結果
不思議な形になったモクビャッコウを
あえて活用。銅葉の低木や、
動きのあるルブス'クラシック ホワイト'、
ボリューム感のある
オステオスペルマムで
存在感のある寄せ植えに。

オステオスペルマムがあふれるほど咲き、
豪華でボリュームたっぷり。

管理のポイント
オステオスペルマムは、6月半ば頃に半分くらい
まで切り戻しをすると、秋にまた開花します。

使う鉢

素焼き
直径31cm×高さ31cm

配置図

植える植物

① ヘーベ'アイスイザベラ'

② モクビャッコウ

③ コプロスマ'コーヒー'

④ ビオラ'ファルファリア'

⑤ オステオスペルマム
'ジャズ'

⑥ エリカ'アフリカン
ファンファーレ'

⑦ ルブス'クラシックホワイト'

木を取り入れた寄せ植え

つくり方

1 深さ1/5程度までパーライトを入れる。

2 根鉢の大きさを考慮して、培養土を入れる。

3 根鉢が回ってポットから苗が抜きにくい場合は、拳で叩いて緩めてから抜く。根鉢をほぐして、ややコンパクトにする。

4 メインとなるモクビャッコウの位置を決める。

5 他の植物に合わせて、土を足して高さを調節。

でき
あがり

6 ポットのまま仮置きして位置を決める。

7 ポットから抜いて決めた位置に置き、土を入れる。

寄せ植えに使いやすい球根植物

チューリップ

ユリ科 多年草 草丈30〜60cm
花期3月下旬〜5月初旬

春の花の代表格。花期は早生品種で
3月下旬頃から、中生は4月中旬頃か
ら、晩生は4月下旬頃からが目安で
す。花形は一重咲き、八重咲き、ユリ
咲き、フリンジ咲き、パーロット咲きな
どがあり、花色も多彩で、咲き進むに
つれて変化する品種や香りのある品
種もあります。

●管理のポイント
園芸種のチューリップは一年草扱い
です。咲き終わったら抜いて、他の
植物に植え替えるか、寄せ植えを解
体して、使える植物は他の寄せ植え
に利用するなどしましょう。

ルーブル

オレンジプリンセス

上：アプリコットビューティー、下：ガボタ

ラ ベルエポック

エキゾチックエンペラー

フィノーラ

クイーンオブザナイト

スイセン

ヒガンバナ科 多年草
草丈10〜50cm 花期11月中旬〜翌4月

冬咲きと春咲きの品種が多いです
が、なかには秋に咲く品種もありま
す。耐寒性が強く、秋から翌春にかけ
て生育し、夏には枯れて休眠します。
花色は白や黄色以外にピンクや緑、
オレンジなどがあり、花形も多彩で
す。甘い香りも魅力です。

●管理のポイント
花後にお礼肥を与え、葉が枯れたら
掘り上げてポットに植え、水を切って
雨の当たらない所で管理します。

ラブコール

ミニスイセン ジェットファイヤー

タリア

ホワイトマーベル

ワルツ

原種系チューリップ

ユリ科　多年草
草丈10〜30cm　花期3〜5月

園芸種のチューリップと違い、野生種やそれに近い品種。花や葉・草丈が比較的小ぶりで早咲きの傾向にあり、野趣に富んだ草姿をしています。丈夫なものが多く、地植えにすると数年は植えっぱなしでも花が咲きます。最近では原種系チューリップだけでも100以上の種類があります。

●管理のポイント

園芸種のチューリップと違い、数年楽しむことができます。咲き終わり葉だけになったらお礼肥を与え、葉が枯れたら掘り上げてポットに植え、水を切って雨の当たらない場所で管理。秋にまた寄せ植えに使えます。

トルケスタニカ

ライラックワンダー

リトルビューティー

ティティーズスター

アルバコエルレア オクラータ

ポリクロマ

プルケラテタテタ

ヒアシンス

キジカクシ科　多年草
草丈約20cm　花期3〜4月

オランダで育成されたダッチヒアシンスとフランスで改良されたローマンヒアシンスの2系統がありますが、ダッチのほうが一般的には普及しています。花は青、紫、ピンク、イエロー、赤、白と多彩で、強い香りを漂わせます。

●管理のポイント

秋植え球根は一定の寒さに当たらないと花芽がつかない性質があるので、室内での維持には注意しましょう。

フォンダント

スイート
インビテーション

アクア

ミスサイゴン

図鑑

イフェイオン（ハナニラ）

ヒガンバナ科
草丈15〜30cm　花期2〜4月

葉の形や香りがニラに似ていることからハナニラの名で広まりましたが、食用のニラとは別属。耐寒性が強く、早春に星の形をした花がびっしりと立ち上がるように咲きます。花色は薄青色、黄色、ピンク、白など。

●管理のポイント
植えっぱなしで自然分球し、毎年増えます。鉢が窮屈になったら秋に植え替えましょう。

ピンクスター

クロッカス

アヤメ科　草丈5〜10cm　花期2〜4月

2月に咲く寒咲き系と3月から咲く春咲き系があり、寒咲き系は春咲き系よりも小型です。花色は淡青、紫、白、黄色、紫と白の縦の筋や網目状の模様が入っているものなどバラエティに富みます。

●管理のポイント
庭植えの場合は植えっぱなしで大丈夫。寄せ植えの場合は休眠前に掘り上げて、ポットに植え替えて管理します。

テコフィレア

テコフィレア科　草丈5〜10cm　花期2〜3月

「アンデスの青い星」とも呼ばれ、目の覚めるような鮮やかなコバルトブルーの花を早春に咲かせます。南米チリ原産ですが、野生では絶滅した幻の植物といわれています。

●管理のポイント
早春に発芽して開花し、6月以降は休眠します。鉢に植えっぱなしで育てるか、休眠前にポットに植え替え、水を切って管理を。

バビアナ

アヤメ科　草丈20〜40cm　花期4〜5月

南アフリカに分布する球根植物のグループ。多く流通しているのはフリージアに似て花色が豊富なストリクタ。草丈が低いルブロキネアは紫花に赤目が入るなど色合いが華やかです。

●管理のポイント
比較的寒さに強いので、南関東以西の暖地であれば屋外で越冬します。鉢植えの休眠期の管理は、クロッカスに準じます。

バビアナ・セデルベルゲンシス

ムスカリ

キジカクシ科　草丈10〜30cm
花期3〜5月中旬

花色は青系が主流で、桃色や白、2色咲きなどもあります。アルメニアカムの改良品種が一般的ですが、他に葉が幅広の系統や、バナナのような黄色の花の品種も。アルメニアカムは葉が多く、くたっとしやすいので、葉の幅が広い品種がおすすめです。

●管理のポイント
休眠期の管理はクロッカスと同様です。

ナイトアイズ　　ホワイトマジック

ラペイロージア・シレノイデス

アヤメ科　草丈20〜40cm　花期3月頃

南アフリカ原産の秋植え球根で鉢植えに向くコンパクトな草姿。花径1〜2cmほどのローズピンクの鮮やかな花が長期間楽しめます。早咲きで、山野草のような雰囲気があります。

●管理のポイント
温暖地では霜の当たらない軒下で冬を越しますが、寒冷地では室内に取り込みます。過湿を嫌うので、土の表面が乾いてから水やりをします。

寄せ植えに使いやすい樹木

アカシア'ゴールドチップ'

マメ科 常緑低木 花期3〜4月

ブルーグリーンの細かい葉が密につき、春に黄色の花をたくさん咲かせます。新芽の色がゴールドに色づき、美しさが際立ちます。大きくなりにくいので寄せ植えにも適します。
●管理のポイント
日当たりを好み、排水性のよい用土が適しています。暑さ、寒さに強く、暖地では庭に植えられます。植え替え時は根をあまりいじらないように移植します。

アゴニス・フレクソーサ'レッドサザンクロス'

フトモモ科 常緑中木 花期4〜6月

葉にユーカリの仲間特有のさわやかな香りがあります。初夏に小さな5弁の白花が枝の周囲に無数につき見事。暖地では庭植えも可能です。葉が赤みの強い'レッドサザンクロス'の他、銅葉のブラックテールも人気です。
●管理のポイント
日当たりを好み、耐寒性は中程度。水はけのよい用土を好みます。成長は比較的早いので、樹形が乱れたら適宜剪定を。

ウンナンオウバイ

モクセイ科 常緑低木 花期3〜4月

地際から多数の枝を伸ばして株立ちになり、細く長い枝は枝垂れます。花期には、花径3〜4cmほどの黄色い花を葉のつけ根に咲かせ見事です。
●管理のポイント
耐寒性は暖地では屋外での越冬が可能で、病害虫の発生はほとんどなく育てやすい植物です。生育旺盛で枝がよく伸びるので、毎年花後に剪定して樹形を整えます。

エリカ

ツツジ科 常緑低木 花期8〜11月、11月〜翌3月

繊細な枝に株を覆い尽くすように花が咲き、花形はつぼ型やベル状、細長い筒状など多彩です。花色はピンク、白、赤、オレンジ、黄色など。
●管理のポイント
高温多湿の環境が苦手で風通しのよい場所を好みます。ツツジ科の植物は弱酸性の土壌を好むので、植えつけ前にピートモスなどをすき込むとよいでしょう。

アフリカンファンファーレ

ギョリュウバイ

フトモモ科 常緑低木 花期2〜5月、11〜12月

晩秋〜早春咲きと春咲きタイプ、わい性種と高性種があり、主にわい性種が流通しています。開花期間が長く、赤やピンク、白色の梅に似た紙細工のような花を、枝いっぱいにつけます。
●管理のポイント
暖地では地植えできますが、わい性種は寒さに弱い品種もあります。乾燥に弱いので、土の表面が乾いたらたっぷりと水やりを。

ゴシキヒイラギ

モクセイ科 常緑低木 花期10〜11月

新芽は赤みを帯び、葉は緑色、クリーム色、ピンクの3色がまだらに入り、美しく魅力的です。秋から晩冬にかけて白い小さな花が咲きますが、雌雄異株のため花後に実ができるのは雌株のみです。
●管理のポイント
放任でも自然に樹形が整いますが、刈込みにもよく耐えます。剪定は7月か、11月〜翌2月の芽が動き出す前に行います。

スキミア

ミカン科　常緑低木　花期2〜5月

日本原産のミヤマシキミがヨーロッパで品種改良されたもの。開花は早春からですが、秋から春までの長期間、えんじ色や若草色の小さな蕾が集合してつく姿はクリスマスの寄せ植えにピッタリ。花色は白です。

●管理のポイント

耐寒性はありますが、夏の強い日差しと高温多湿に弱いので、半日陰で風通しのよい場所で管理します。

ソフォラ・ミクロフィラ

マメ科　半常緑低木　花期9月頃

ジグザグに曲がった細く華奢な枝に、小さな丸い葉っぱがまばらにつくユニークな樹形で、おしゃれな観葉植物としても人気です。乾燥に弱いですが、寒さには比較的強い性質です。

●管理のポイント

明るく風通しのよい場所を好み、霜に当てない場所では0℃くらいまでは屋外で越冬します。室内で管理する場合は窓際の光が当たる場所に置きます。

モクビャッコウ

キク科　常緑低木　花期12月〜翌3月

シルバーのカラーリーフが美しく、花壇や寄せ植えの名脇役として重宝します。茎はよく分枝して、株が育ってくると下のほうの枝が木質化してきます。

●管理のポイント

日当たりのよい乾燥気味の場所を好むので、水はけのよい土に植えます。伸びすぎたり、バランスが悪くなったら枝を切り戻します。強剪定でも下から芽を出して再び茂ります。

バーゼリア

ブルニア科　常緑低木　花期4〜5月

ピッコロ

南アフリカ産。ピッコロは小型で花つきがよい新品種です。もこもこした葉が特徴で、枝先に緑色の蕾をつけ、春にポンポンのような丸い白い花が咲きます。

●管理のポイント

春と秋は日当たりのよい場所、夏は直射日光を避けて風通しのよい所に置きます。冬は霜が当たらない軒下などに置き、寒い地方では室内に取り込みます。水切れに弱いので注意を。

ピットスポルム

トベラ科　常緑低木　花期3〜5月

ニュージーランド固有の低木。'シルバーシーン'は照りのある葉がグレーがかり、葉軸や茎は黒茶色の品種です。しなやかで美しい樹姿なので、寄せ植えのアクセントにおすすめ。

●管理のポイント

日当たりがよく、冬季の寒風に当たらない場所で管理。乾燥に弱いため水切れには注意を。成長は遅いため、頻繁に剪定する必要はありません。

シルバーシーン

ビバーナム・ティヌス

レンプクソウ科　常緑低木　花期4〜5月　結実期9〜10月

別名、常緑ガマズミ。葉は常緑で表面に光沢を持ち、花期になると小さな花を多数咲かせます。蕾はピンク色で、開花すると白色になり、芳香があります。秋に実が実り、群青色に熟します。

●管理のポイント

耐寒・耐暑性共に高く、丈夫な性質で育てやすい花木です。ある程度の耐陰性があるので、日陰の庭でも育てることができます。

［第3章］

季節を楽しむ
寄せ植え

季節によって、売り出される花苗の種類は違います。
季節感あふれる旬の苗を使って、
より長く、美しく楽しむ寄せ植えをつくりましょう。

早春〜春 の 寄せ

🌸 草花苗が豊富な季節

　早春〜春は、草花苗がたくさん売り出される季節。一年でもっともガーデニングへの思いがふくらむ時期かもしれません。ラナンキュラスやアネモネなど華やかな花も多く、ぜひ寄せ植えの主役として活用したいもの。春爛漫の寄せ植えを楽しんでください。

　ハーブ苗も、たくさん出回ります。ミント類など庭植えにすると増えすぎて他の植物の生育に影響を与えかねないハーブも、寄せ植えだと土の量が限られているため、育ち方が穏やかに。ハーブの寄せ植えをつくっておくと、使う分だけ摘んで料理やティーに活用できるので便利です。

🌸 かわいいだけではない
多肉植物の寄せ植え

　多肉植物の寄せ植えは、春と秋がつくりどきです。管理に手間がかからず、長い間楽しめるので、ぜひチャレンジしてみては？ 多肉植物の寄せ植えというと、こぶりでかわいらしいものが主流ですが、ダイナミックな寄せ植えもおすすめ。モダンなテイストのエクステリアにもよく合います。

多彩な多肉植物を凝縮

多肉植物の葉の形状や葉色は多種多彩。葉色が異なる品種や、形状の違う品種の組み合わせ次第で、思いがけない作品が生まれます。植える器も、いろいろ工夫してみては。

キッチンの友、ハーブの寄せ植え

料理やティーにハーブを少量使いたいときのために、寄せ植えをつくりませんか？ 見た目もおしゃれで、実用面でも活躍してくれます。

植え

華やかな花を主役に

春の主役として使いたいのが、花径が大きく
豪華なラナンキュラス。オステオスペルマムも
花色のバリエーションが多くおすすめです。
気温が上がるにつれて次々と咲いてくれます。

同系色でまとめて上品に

パープルの一重の品種と、白のダブル咲き品種を使った寄せ植え。
ダブル咲きの中心部分もパープルなので
同系色でつながり、上品な印象に。

使う鉢

素焼き
直径20cm×高さ20cm

配置図

植える植物

❶
オステオスペルマム
'3Dブルーベリーシェイク'

❷
オステオスペルマム
'フラワーパワー ブルー'

❸
プラチーナ
3株

管理のポイント

オステオスペルマムは花がら切りを忘れずに。春の花期が終わったら半分くらいに切り戻すと、秋にまた開花します。

早春〜春の寄せ植え

つくり方

1 鉢穴に適当な大きさに切った鉢底網をかぶせる。

2 小粒のパーライト（軽石の鉢底石でも可）を入れる。

3 鉢の深さの⅕くらいまでパーライトを入れたところ。

4 根鉢の高さを差し引いた高さまで、培養土を適量入れる。

5 オステオスペルマムをポットから抜き、軽く根鉢をほぐしておく。

6 汚い葉があれば取り除いてから、培養土の上に配置。

7 もう1色のオステオスペルマムも同様にして配置。

8 プラチーナをポットから抜いたところ。根鉢が回っている。

9 根鉢を軽くほぐし、植えやすいようにスリムにしておく。

10 三角形を意識して、3ヵ所にプラチーナを配置。

11 プラチーナ3株を配置したところ。

12 ウォータースペース分を2cm程残して、根元までしっかり土を入れる。

13 割箸などでよく突いて、土中の隙間をなくす。縁はとくに丁寧に。

14 沈んだ分、土を足す。

15 蓮口を外したジョウロで、鉢底から流れ出るまでたっぷり水をやる。

できあがり

木を取り入れて風格を出す

オステオスペルマムの寄せ植えに木を取り入れると、ぐっと存在感が出ます。
キンメツゲは植えつけをした3月の段階ではまだ前年の紅葉が残っていますが、
4月になると黄緑色の新芽が出て、印象がガラッと変わります。

使う鉢

素焼き
直径30cm×高さ24cm

植える植物

1 クリスマスローズ・ステルニー
　'ネオ ゴールデンリーフ'
2 キンメツゲ
3 ユーフォルビア
　'ゴールデンレインボー'
4 ヘデラ'雪の妖精'
5 オステオスペルマム
　'アキラ・グランド
　キャニオンミックス' 2株
6 黒龍

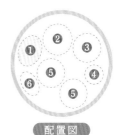

配置図

つくり方のポイント 高低差がある寄せ植えなので、安定感のある素焼きの鉢が合います。手前のオステオスペルマムは、やや前傾させて植えています。

カレンダー

1	2	3	4	5	6	7	8	9	10	11	12
		●——● 植えつけ ●——●									
		●————————— 観賞期 —————————●									

薄い花びらが幾重にも重なり、花径が7〜9cm
にもなるラナンキュラスは、エレガントで豪華。
春爛漫の寄せ植えにぴったりの花です。

植えつけ
約3週間
後

主役をバトンタッチさせて、
より長く華やかに

3〜5月、ピンク系の2種のラナンキュラスが次々と咲きます。
ラナンキュラスが終わったら、
こんもりと花を咲かせるマーガレットが主役に。
濃淡のピンクの寄せ植えに、エレモフィラ・ニベアの
シルバーの葉と淡い紫色が差し色としてきいています。

使う鉢

素焼き
直径30.5cm×高さ21cm

管理のポイント

ラナンキュラスは花後、掘り上げます。マーガレットは梅雨前に半分くらいに切り戻しを。秋花の後にも切り戻しをします。

植える植物

❶ ラナンキュラス'バイカラー' 2株
❷ ラナンキュラス'マシェピンク'
❸ ヒメツルソバ
❹ マーガレット
　　'モリンバダブルディープローズ'
❺ エレモフィラ・ニベア
❻ ビバーナム・ティヌス
❼ ヘーベ'ベイビーピンク'

配置図

早春〜春の寄せ植え

カレンダー

1	2	3	4	5	6	7	8	9	10	11	12

●—● 植えつけ　　　　観賞期 ●————————●

つくり方

1 鉢が大きいので全体の1/4ほど大粒パーライトを入れ重量を減らす。

2 根鉢の高さを考慮して、培養土を適量入れる。

3 背景になるビバーナム・ティヌスをまず配置する。

4 背の高いエレモフィラ・ニベア、ボリュームのあるマーガレットを配置。

5 ラナンキュラスを配置。

6 このあと手前にヒメツルソバをあふれるように、脇にヘーベを配置。

できあがり

イエロー系ダブル主役で
華やかに

5種5株の寄せ植え。
イエロー〜オレンジの色合いが、
春のガーデンをパッと明るくしてくれます。
ネメシアは適宜切り戻しをすれば
6月頃まで咲き続けます。

植えつけ
約3週間
後

管理のポイント
ネメシアの花がらはこまめに取り、花が咲き終わった茎は半分くらいに切り戻します。蒸れないよう、風通しよく育てましょう。

カレンダー

1	2	3	4	5	6	7	8	9	10	11	12

●—● 植えつけ

●————————● 観賞期

使う鉢

素焼き
直径21cm×高さ19cm

配置図

植える植物

① ラナンキュラス

② ウンナンオウバイ

③ スーパーアリッサム
'フロスティーナイト'

④ カレンデュラ
'タッチオブレッド'

⑤ ネメシア
'ネシア トロピカル'

つくり方

1 鉢穴に適当な大きさに切った鉢底網をかぶせる。

2 鉢の深さの1/4くらいまで大粒のパーライトを入れる。

3 根鉢の高さを差し引いた高さまで、培養土を適量入れる。

4 背景となるウンナンオウバイをポットから抜いたところ。

5 根鉢が回っているので、ほぐして適度に緩めておく。

6 ウンナンオウバイを配置。

7 ラナンキュラスをポットから抜いたところ。

8 根鉢を写真のように適度に緩めておく。

9 ラナンキュラスを配置。

10 ネメシアはやや前傾させる。

11 黄色くなった葉は、植える前に取っておく。

12 カレンデュラは、やや前方に傾けて配置する。

13 最後にアリッサムを配置して土を足し入れ、鉢底から流れ出るまでたっぷり水をやる。

できあがり

清楚な白の共演

3種の白い花とシルバーリーフの、上品な組み合わせ。
同系の花色の植物で寄せ植えをつくる際は
花形や花径が異なるものを合わせるのがコツです。暴れるプラチーナと
垂れ下がるハーデンベルギアが、全体のバランスを整えています。

使う鉢

陶製
直径20cm×高さ23cm

植える植物

❶ ローダンセマム
　'レトロクラッカー'
❷ ラナンキュラス2株
❸ プラチーナ
❹ ハーデンベルギア・
　ビオラセア
　'スノーホワイト'

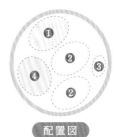

配置図

つくり方のポイント

白い鉢を使って、清楚に。仕上げにココヤシファイバーでマルチングすることで、エレガントな雰囲気を出しています。

カレンダー

1	2	3	4	5	6	7	8	9	10	11	12

●—● 植えつけ
●————● 観賞期

愛らしいアネモネで
小さなハンギング

ピンクとブルー系の花は、相性がよい組み合わせ。
さりげない寄せ植えですが、春の訪れを感じさせてくれます。
ハンギングは、垂れ下がる植物を加えると動きが出ます。

使う鉢

素焼き
幅25cm×奥行約10cm×
高さ17cm

植える植物

❶ アネモネ'ダブルクラシカル ピンク' 2株
❷ パンジー'ムーランフリル ビオレッタ'
❸ 斑入りワイヤープランツ'スポットライト'

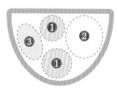

配置図

つくり方のポイント

アネモネを植える際は、根鉢は崩さないように。地上部が
枯れたら、掘り上げてポットなどに植えて保存します。

カレンダー

1	2	3	4	5	6	7	8	9	10	11	12

植えつけ
観賞期

根鉢がびっしり
回っているときの扱い方

根鉢が回った状態で植えつけると、根詰まりを起こし、下葉が落ちたり根腐れを起こし弱ってしまうことも。あらかじめ根をほぐしてから植えるようにしましょう。ただし球根植物や、ジニアやニチニチソウ、コリアンダーなど植物の根が枝分かれしない直根性の植物は、根鉢はなるべく崩さないようにします。

根鉢を触らないほうがよい植物

左は球根植物のシクラメン、右は直根性植物のディル。どちらも根鉢は崩さずに植える。

1 苗が抜けない場合はポットを叩いて根鉢との間に隙間をつくる。

2 ポットから苗を抜く。

3 根鉢が回り、とくに底のほうは固まっている状態。

4 あらかじめ黄色くなった葉は取り除く。

5 指が入らない場合は、ハサミで底に切れ目を入れる。

6 切れ目を十字に入れる。

7 表面の根をはがすようにして取り除く。

8 手でもんだり指を入れて根を緩める。

9 ほどよく根鉢がほぐれた状態。

楚々とした 星のような花が魅力

原種系チューリップの芽出し球根でつくったミニ寄せ植え。
チューリップだけでも十分かわいいのですが
明るい葉色のリシマキアをちょっと添えるだけで、表情が豊かに。
星のようなチューリップがさらに引き立ちます。

つくり方のポイント

芽出し球根を植える際は根鉢を崩さないよう、そっと扱います。できれば蕾がつく前に植えつけましょう。

使う鉢

ブリキ製
幅23cm×奥行11cm×高さ12cm

植える植物

❶原種系チューリップ'トルケスタニカ'6球
❷リシマキア・ヌンムラリア'オーレア'

配置図

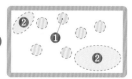

カレンダー

1	2	3	4	5	6	7	8	9	10	11	12

—● 植えつけ
—● 観賞期

クロッカスとラケナリアで紫の共演

クロッカスとラケナリアの芽出し球根を使った寄せ植え。
花色がパープルの品種を合わせ、シルバーリーフを添えて。
葉形が異なる2種のリーフが、花を引き立てます。

3月末

4月初旬

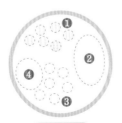

クロッカスが咲き揃ったところ

使う鉢

ブリキ製
幅25cm×直径20cm×
高さ20cm

植える植物

① ラケナリア・ペルシー 6球
② ラミウム・マクラツム'ビーコンシルバー'
③ クロッカス'ピックウィック' 6球
④ プラチーナ

配置図

つくり方のポイント

ラミウムはすぐに大きく広がるので、1株で十分。土の
表面を細かなチップで覆うと、おしゃれな雰囲気に。

カレンダー

1	2	3	4	5	6	7	8	9	10	11	12

●— 植えつけ
●—● 観賞期

ハーブの寄せ植え

ハーブの寄せ植えをつくっておくと、料理やティーにちょっと使いたいときに便利。花が主役の寄せ植えと組み合わせて飾っても魅力的です。

惜しげなく使える丈夫なハーブ

2種のミントと、タイム、ローズマリーの寄せ植え。
不織布のバッグに植えると軽いので、このままキッチンに持っていき必要な分だけ切り取って使うこともできます。

使う鉢

不織布のバッグ
幅33cm×奥行10cm×高さ14cm

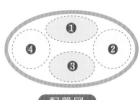

配置図

植える植物

① ストロベリーミント

② ローズマリー
（半匍匐性）

③ タイム'ドーンバレー'

④ グレープフルーツミント

92

管理のポイント

タイムは蒸れを嫌うので、梅雨前に切り戻しを。
切ったタイムは乾燥させても料理に使えます。ミントは茂りすぎないよう、適宜収穫しましょう。

カレンダー

1	2	3	4	5	6	7	8	9	10	11	12

●—● 植えつけ　　収穫期

つくり方

1 不織布に直接、培養土を入れる。

2 ポットごとバッグに入れ、仮置きして位置を決める。

3 ミントは根鉢が回っている場合は緩める。

4 ローズマリーはなるべく根鉢を崩さないようにする。

5 両サイドの植物は、やや外側に傾けるようにする。

6 4種の配置が終わったところ。

7 土を入れる。苗と苗の間もしっかり土が入るように。

8 割箸などで土を突いて土中の隙間をなくし、土が沈んだ分足す。

9 土の表面に細かいバークチップでマルチングをする。

10 バッグの底から流れ出るまで、たっぷり水をやる。

でき
あがり

早春〜春の寄せ植え

ちょっとあるとキッチンで便利

パセリやディルなど、料理に1～2茎使いたいハーブ中心の寄せ植え。
セージは多年草でパセリは二年草なので、ルッコラを収穫したり
ディルが枯れた後も、植え替えて育て続けられます。

使う鉢
不織布のバッグ
幅33cm×奥行10cm×高さ14cm

植える植物

❶ ディル
❷ コモンセージ
❸ パセリ
❹ ルッコラ

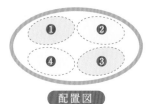

配置図

つくり方のポイント なるべく水はけのよい用土に植えるように。寄せ植えはどうしても蒸れやすいので、適宜収穫して風通しを確保しましょう。

カレンダー

1	2	3	4	5	6	7	8	9	10	11	12

●━━ 植えつけ
●━━━━━━━━ 収穫期

のびのび育てて使う分だけ収穫

料理に使いやすいハーブを中心に
野菜を少し加えた寄せ植え。
ハーブは使う分だけ
少しずつ切り取って。
アクセントの銅葉のカラシナも
葉をちぎって使えば
長く楽しめます。

使う鉢

ワイヤー製
幅38cm×奥行22cm×高さ16cm

植える植物

① カラシナ'コーラルリーフフェザー'
② イタリアンパセリ　③ 九条ネギ
④ ディル　⑤ ワイルドストロベリー
⑥ ちぢみホウレンソウ

[配置図]

主な資材

● 園芸用麻布（ジュート）
■ ココヤシファイバー

つくり方のポイント 写真のようなワイヤーの籠を使う際は、ジュート（麻布）を敷き、その中に培養土を入れます。仕上げにココヤシファイバーでマルチングを。

カレンダー

1	2	3	4	5	6	7	8	9	10	11	12

●—● 植えつけ
●————● 収穫期

トウ立ちした花も楽しんで
一般的にトウ立ちをすると茎や葉が硬くなり食味が落ちるので、花茎を切り戻しますが、カラシナは、菜の花に似た黄色い花がかわいいので、観賞用に残しておいてもかまいません。

植えつけ
1ヵ月後

早春〜春の寄せ植え

エケベリアを
バラの花に見立てて

丈夫で育てやすいセダム類と
バラの花のような形をした
存在感のあるエケベリアの組み合わせ。
柄付きの器の場合、このように
グリーンネックレスを誘引すると
かわいらしさが増します。

> **管理のポイント** 春と秋の生育期には、土の表面
> が乾いたらたっぷり水やりを。梅雨時は雨が当たらな
> い場所で管理し、夏はやや水やりを控えます。

使う鉢

ブリキ製
直径9cm×高さ9.5cm

配置図

カレンダー

1	2	3	4	5	6	7	8	9	10	11	12

植えつけ

観賞期(周年)

植える植物

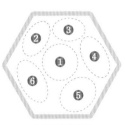

❶ エケベリア'パール
フォンニュルンベルグ'

❷ セダム
'ダジフィルム'

❸ クラッスラ
'リトルミッシー'

❹ セダム
'パープルヘイズ'

❺ セダム'マルバ
マンネングサ ゴールド'

❻ グリーンネックレス

早春〜春の寄せ植え

つくり方

1 穴のない缶の場合は穴をあけ、穴
に鉢底網をかぶせる。

2 水はけのよい多肉植物用の培養土
を適量入れる。

3 根鉢が一番大きいグリーンネック
レスに合わせて土の量を決める。

4 グリーンネックレスをポットから抜い
たところ。

5 量が多かったら、適度に株分けし
て調整する。

6 鉢の縁から垂らすようにグリーン
ネックレスを配置。

7 他の多肉植物は根が浅いので、培養土を適量足す。

8 セダム類は1cmくらい根を残して、あとはむしり取るかハサミで切り取る。

9 必要な分量だけちぎって使う。

10 鉢に置いて高さを見て、土が少なければ足す。

11 グリーンネックレスとセダム 'マルバマンネングサゴールド' を配置。

12 同じように他の多肉植物も配置していく。

13 グリーンネックレス、3種のセダム、クラッスラの配置が終了。

14 指が入りにくければ、ピンセットを使って作業をする。

15 エケベリアを植える場所にピンセットで穴をあける。

16 エケベリアをポットから抜く。

17 古い土を落とし、古くなった根はハサミでカットする。

18 このくらいスリムにしておく。

19 茎の根元をピンセットで挟み、中
央の穴に植える準備をする。

20 ピンセットをそっと押し入れて、エ
ケベリアを植える。

21 グリーンネックレスを鉢の柄に絡ま
せる。

22 培養土を株の根元や株と株の間に
もしっかりと入れる。

23 ヘラなどを突き差して土中の隙間
をなくし、土が沈んだら足す。

24 植え終わったら、鉢穴から流れ出
るまでたっぷり水をやる。

でき
あがり

便利なスプレー付き ジョウロ

霧吹きと一体化した小型のジョ
ウロ。多肉植物や、空中湿度を
必要とする観葉植物などの管理
に便利です。

軽い布バッグで
室内にも簡単に持ち込める

さまざまな葉色のセダム類やクラッスラなどを集め
中央に、ふっくらして存在感のある‘だるま秋麗’を。
枝ぶりの面白いドロサンテマムは花も魅力的です。
基本、屋外で管理し、ときにはお部屋の中で楽しんでも。

使う鉢　布製
幅24cm×奥行10cm×高さ15cm

植える植物

❶グラプトペタルム‘だるま秋麗’
❷ドロサンテマム・フロリバンダム
❸セダム‘モリムラマンネングサ’2株
❹セダム・スパスリフォリウム 2株
❺セダム・アルブム‘テレティフォリウム’
❻クラッスラ‘リトルミッシー’
❼フェディムス・スプリウス

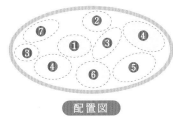

配置図

つくり方のポイント
バッグ型の不織布プランターや布
バッグを使って寄せ植えをつくる際
は、深さによっては重くならないよ
う、底にパーライトを入れます。

宝石箱のように
小さい多肉植物をギュッと

8種類の多肉植物を植え込んだ
葉色や葉形の違いを楽しむ寄せ植えです。
伸びてきたら適宜切り戻しを。
切り取った部分は、挿し芽にして増やせます。

使う鉢　モルタル
一辺15cm×高さ6cm

植える植物

❶セダム‘タイトゴメ’
❷クラッスラ‘リトルミッシー’
❸セダム‘ウィンクレリー’
❹セダム・アルブム‘テレティフォリウム’
❺セダム‘ゴールデンカーペット’
❻クラッスラ‘レモータ’
❼セダム‘マルバマンネングサ ゴールド’
❽セダム・パリダム バリエガータ

斑入り種

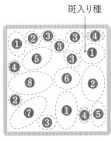

配置図

つくり方のポイント
なるべく隣り合って植える品種の葉形や葉色に
コントラストがつくように配置すると、それぞれ
の多肉植物の魅力が引き立ちます。

多肉植物と相性のよい
レウィシアで優美に

エレガントな花が魅力的なレウィシアは
乾燥気味の土壌が好きなので
多肉植物との相性はばっちり。
花色も豊富で、一緒に植えると
多肉植物だけの寄せ植えとはまた違った
華やかさを表現できます。

使う鉢 　陶製
直径20cm×高さ8cm

植える植物

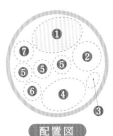

① レウィシア（白花）
② セネシオ‘万宝’
③ ドロサンテマム・
　フロリバンダム
④ セダム・ヒスパニクム
　‘ウスユキマンネングサ’
⑤ グラプトペタルム‘だるま秋麗’3株
⑥ セダム・スパツリフォリウム
⑦ クラッスラ‘銀揃’

配置図

早春〜春の寄せ植え

つくり方のポイント
‘だるま秋麗’は葉がぽろっと落ちやすいの
で、植えつけ中は葉が落ちないよう注意し
ましょう。

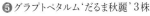

◀ 暴れている苗で面白さを出す

多肉植物は「徒長したら切って仕立て直す」とよくいわれますが
徒長して暴れた多肉植物も、動きが感じられて魅力的です。
あえて暴れたグラプトベリアやセダムと存在感のある
クラッスラ・テトラゴナなどを合わせて、こんな寄せ植えも楽しめます。

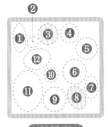

配置図

つくり方のポイント
徒長した姿を生かすため、
脚付きの縦長の鉢を使用。
背景にカレックスを加える
ことで線の動きが加わり、
躍動感が生まれます。

使う鉢 　陶製
1辺18cm×高さ28cm

植える植物

① セネシオ‘紫蛮刀’
② セデベリア‘樹氷’
③ クラッスラ・テトラゴナ
④ カレックス‘ブキャナニー’
⑤ カランコエ‘チョコレートソルジャー’
⑥ クラッスラ・ロゲルシー
⑦ エンペトルム‘バーンスタイン’
⑧ グラプトベリア‘ピンクプリティ’
⑨ エケベリア‘パールフォンニュルンベルグ’
⑩ エケベリア‘ローラ’
⑪ セダム‘虹の玉’
⑫ グラプトペタルム‘朧月’

アネモネ

キンポウゲ科　多年草　草丈15～50cm　花期3～5月

古くからヨーロッパで愛された花。一重や八重の品種があります。球根植物ですが、球根の植えつけはやや技術を要するので、芽出し苗を買うのがおすすめ。上手に管理すれば、その後何年も楽しめます。

●管理のポイント
初夏に地上部が枯れたら、雨のかからない日陰で管理。秋からまた活動を開始するので、日向に戻します。

ダブルクラシカルピンク

M'sコレクション

プリムラ・マラコイデス

サクラソウ科　一年草扱い　草丈10～50cm　花期1～4月

寒い季節にも咲き、白、ピンク、薄紫、薄緑色などの花色があり、品種も豊富です。株全体に白っぽい粉がつくのが特徴。多年草ですが、日本では夏は枯れてしまいます。

●管理のポイント
花が8割方咲き終わったら、茎の元から切り戻します。傷んだ葉などから灰色カビ病が発生することがあるので、枯れた葉や花は早めに取り除きましょう。

湖畔の花あかり　　　　湖畔の夢

オステオスペルマム

キク科　多年草　草丈20～80cm　花期2～5月、9月中旬～11月中旬

花色が豊富で、花弁が管状のもの、八重などバリエーションがあり、存在感が抜群。'ザイールバリエガータ'は斑入り葉と白い花の調和が魅力です。夕方や天気の悪い日は花が閉じ気味になる品種もあります。

●管理のポイント
花がらを切ると次々と開花します。秋～春は日当たりのよい場所で管理し、霜には当てないようにします。春～秋は半日陰を好みます。

ピンクコンチェルト　　　ザイールバリエガータ

アキラシリーズ

アキラシリーズ　　　ジャズ

3Dブルーベリーシェイク

アキラシリーズ

3Dホワイト

フラワーパワー ブルー

マーガレット

キク科　宿根草／落葉低木　草丈30〜100cm　花期11月〜翌5月

さまざまな花色があり、一重、八重、ポンポン咲き、丁字咲きなど花形も豊富です。モリンバのシリーズは非常に分枝がよく、株姿がまとまりやすく、夏越ししやすい性質を持っています。

●管理のポイント
梅雨前と秋の開花後に根元から10cmあたりで切り戻しをしましょう。高温多湿が苦手なので、梅雨時は風通しのよい場所に、夏は半日陰で管理。

モリンバ ダブルディープローズ

スラッシュピンク

デイジーイエロー

エンジェリックバーガンディ

モリンバ ヘリオウォーターメロン

チェルシーガール

ラナンキュラス

キンポウゲ科　多年草　草丈30〜50cm　花期3〜5月

薄紙のような花弁が幾重にも重なり、大きなものは花径が15cmを超えます。球根植物ですが、球根から植えつけるには技術が必要なので、芽出し苗を入手するのがおすすめです。

●管理のポイント
日当たりを好み、高温多湿が苦手です。葉の上に散った花びらをそのままにしておくと灰色カビ病が発生する原因になるので、こまめに取り除きましょう。

（品種不明）

（品種不明）

綾リッチ

マシェ ピンク

（品種不明）

バイカラー

カラシナ

アブラナ科　一、二年草　草丈約25cm　花期5〜6月

もともとは穂からカラシ種を採るための作物ですが、葉のピリッとした辛みや苦みが好まれ、サラダなどに使われます。銅葉品種はカラーリーフとしても活躍。トウ立ちすると、菜の花に似た花が咲きます。

●管理のポイント
モンシロチョウの幼虫がつくと、あっという間に食べられてしまうこともあるので、見つけたらすぐ駆除を。

コリアンダー

セリ科　一年草　草丈60〜90cm　花期6〜7月

パクチーの名でも知られ、エスニック料理には欠かせないハーブ。花や種も料理に使えます。直根性の植物なので、植えつけの際は根鉢を崩さず、そのまま植えつけます。

●管理のポイント
長く収穫を楽しみたい場合は、トウ立ちを遅らせるため、気温が高い時期は半日陰など涼しい場所で管理を。

スイートバジル

シソ科　一年草　草丈40〜80cm　花期7〜10月

イタリア料理に欠かせないハーブ。カラーリーフとして寄せ植えに使うなら、赤い葉のダークオパールバジルがおすすめです。

●管理のポイント
枝数を増やすには、随時収穫を兼ねて摘芯します。切り取った茎は水に挿しておけば、4〜5日で根が出ます。花穂が出てきたら、早めに切り戻すと収穫を長く楽しめます。

セージ

シソ科　常緑低木　樹高40〜100cm　花期6〜7月

紫がかったパープルセージや、斑入り種、黄金葉などさまざまな葉色の品種があり、葉色が美しいので寄せ植えの脇役としてもうってつけ。葉は肉料理で活躍し、青紫の花はサラダやティーでも楽しめます。

●管理のポイント
蒸れを嫌うので、梅雨時に開花した枝は早めに剪定し、込み合ったところは枝透かしをします。

コモンセージ　　バイカラー

タイム

シソ科　常緑低木　樹高5〜30cm　花期5〜7月

立ち性、匍匐性（ほふく）と樹形もいろいろで、斑入り葉の品種もあります。香りはレモンやオレンジなど柑橘系のものもあり多彩。初夏に咲くピンクの花も魅力的です。

●管理のポイント
枝葉が込み合うと蒸れて枯れやすいので、適宜枝透かしをし、梅雨前に半分くらいまで切り戻します。花が咲いたら、早めに切り戻しを。

チャイブ

ユリ科　多年草　草丈30〜40cm　花期5〜6月

繊細な葉と愛らしい花が魅力的なネギの仲間。寄せ植えの脇役としても活躍します。ハーブとしては、葉を刻んでドレッシングに利用したり、スープや肉料理などの薬味に。初夏に咲くピンクの花は、料理の彩りに使えます。

●管理のポイント
日当たりを好みます。秋に掘り起こして株分けをすると、簡単に増やすことができます。

ディル

セリ科　一年草　草丈60〜100㎝　花期5〜7月

繊細な葉が特徴。甘くさわやかな香りの葉や種は、マリネやピクルス、ハーブビネガーなどで活躍します。直根性の植物なので、植えつけの際は根鉢を崩さないようにします。
●管理のポイント
日当たりを好みます。夏の蒸れが苦手なので、風通しのよい場所で管理を。背が伸びると倒れやすくなるので、支柱を立てると安心です。

パセリの仲間

セリ科　一、二年草　草丈15〜30㎝　花期5〜7月

イタリアンパセリは切れ込みのある葉形が美しく、寄せ植えで活躍するハーブ。味や香りはカーリーパセリ（モスカール種）よりマイルドです。直根性の植物なので、植えつけの際は、根鉢は崩さずそのまま植えるようにします。
●管理のポイント
収穫は、外側の枝葉から採っていきます。常に枝葉を10本くらい残しておくように。

イタリアンパセリ　　カーリーパセリ

ミント

シソ科　多年草
草丈10〜60㎝

さまざまな種類があり、品種によって香りも違います。斑入りのパイナップルミントは、カラーリーフとしてもおすすめです。
●管理のポイント
生育が旺盛でよく伸びるので、随時収穫を兼ねて切り戻すようにしましょう。切った枝は水を入れたコップに差しておくと、簡単に発根します。

グレープフルーツミント

ストロベリーミント

ルッコラ

アブラナ科　一年草　草丈20〜30㎝　花期4〜5月

ゴマのような風味と、ピリッと辛い味が特徴。寄せ植えにすると、サラダなどにするには量が少ないので、あえてトウ立ちさせて花を楽しむのもひとつの方法です。
●管理のポイント
料理のトッピングなどに使う分だけ葉をちぎっていけば、長く寄せ植えを楽しめます。強い日差しを浴びると、苦みが強くなります。

ローズマリー

シソ科　常緑低木　樹高30〜180㎝　花期1〜6月、9〜12月

品種によって立ち性、半匍匐性、匍匐性と性質が異なります。寄せ植えには半匍匐性がおすすめ。殺菌作用があり肉や魚の臭み消しになり、すっきりした香りは集中力をサポートするといわれています。
●管理のポイント
蒸れを嫌うので、梅雨時は収穫を兼ねて密集した部分を切り取りましょう。風通しのよい場所で管理。

ワイルドストロベリー

バラ科　多年草　草丈5〜25㎝　花期3〜6月　結実期4〜7月

食用イチゴを小さくしたような、キュートなイチゴ。赤い実の他、白や淡黄色の実がなる品種もあり、五弁の小さな白い花も可憐です。カラーリーフとして用いられる黄金葉の品種もあります。暑さ寒さに強く、丈夫です。
●管理のポイント
日照を好みます。葉が込み合ってきたら、株元近くで切って透かしましょう。

エケベリア

ベンケイソウ科

肉厚の葉が重なってバラの花のようなロゼット形になり、華やかで存在感があります。葉の間から長い花茎を伸ばし、2～8月に花が咲きます。紅葉する品種も多く、カラフルな葉色が楽しめます。

●管理のポイント

高温多湿が苦手なので、夏は風通しのよい雨の当たらない場所で管理しましょう。冬は霜に当てないようにします。

花うらら

七福神

トプシーターヴィー

パールフォンニュルンベルグ

オトンナ、セネシオ

キク科

ともにキク科に属する多肉植物で、丈夫で寒さに強く、育てやすいグループです。セネシオ属のグリーンネックレスやオトンナ・カペンシス（ルビーネックレス）はとくに育てやすく、垂れ下がるようにして茎が伸び、多肉植物の寄せ植えの脇役としても重宝します。

●管理のポイント

暖地では霜と北風を避ければ屋外の軒下などで育てられます。

ルビーネックレス

グリーンネックレス

クラッスラ

ベンケイソウ科

変化に富んだ葉形の品種が多くあり、形の面白さも人気の理由です。紅葉する品種も多く、季節感も味わえます。生育旺盛で育てやすく、寄せ植えにも向いています。

●管理のポイント

夏の直射日光は避け、長雨に当たらないように管理。紅葉する品種は9月後半から日によく当てるようにすると、色づきがよくなります。

リトルミッシー

火祭り

グラプトペタルム

ベンケイソウ科

エケベリア属ともセダム属とも近いグループ。肉厚の葉が重なり、ロゼット状になります。群生しやすく、丈夫で育てやすいグループです。春～秋が開花期です。

●管理のポイント

高温多湿が苦手なので、夏は風通しがよく雨が当たらない場所で管理します。群生した場合は、春に株分けしましょう。

だるま秋麗

ブロンズ姫

グラプトベリア

ベンケイソウ科

エケベリア属とグラプトペタルム属の交雑から生まれたグループ。葉が肉厚で、バラの花のような姿になる品種が多く、存在感があり寄せ植えの主役にも向いています。丈夫で育てやすいのも特徴です。

●管理のポイント

夏の高温多湿が苦手なので、風通しのよい半日陰で管理しましょう。冬は日当たりのよい屋内で管理。

デビー（パープルクイーン）

セダム
ベンケイソウ科

小さな葉が密集して育ち、丈夫で育てやすい多肉植物です。暑さ寒さに強く、屋外で冬越しできる種類もあります。紅葉する品種は、華やかな葉色も魅力。多肉植物以外の植物とも、寄せ植えを楽しめます。

●管理のポイント
徒長したら適宜切り戻しましょう。切った茎は、挿し芽に利用できます。

オーロラ

銘月

斑入りマンネングサ

アルブム'テレティフォリウム'

ダジフィルム

マルバマンネングサゴールド

クリームソーダ

パープルヘイズ

サクサグラレ'モスグリーン'

トリカラー

セデベリア
ベンケイソウ科

エケベリア属とセダム属の交雑から生まれたグループ。肉厚でエケベリアよりも小型の葉が集まって形をつくる品種が中心で、紅葉が楽しめるものも多くあります。丈夫で育てやすいグループです。

●管理のポイント
高温多湿が苦手なので、夏は雨が当たらない、風通しのよい半日陰で管理します。冬は日当たりのよい屋内で管理。

レティジア

センペルビウム
ベンケイソウ科

ランナーの先に小株をつけて増えていくタイプ。丈夫で、冬も屋外で育てられます。

●管理のポイント
高温多湿に弱いので、夏は雨が当たらない風通しのよい半日陰で管理。花が咲いた株は枯れてしまうので、花茎が伸びたらつけ根から切り、小株が出るのを促進させます。

上海ローズ

初夏〜夏の寄せ

🌸 夏らしい背の高い寄せ植え

　初夏〜夏の主役といえば、ペチュニアやカリブラコア。毎年新しい品種が登場し、色も花姿も多彩なので、あらゆるティストの寄せ植えで活躍してくれます。春の終わり頃から苗が出始めるので、ぜひ活用してください。また、初夏〜夏は植物がぐんぐん育つ時期。背が高くてダイナミックな寄せ植えも、夏の醍醐味です。

　寄せ植えは、夏になると水不足になりがち。土が乾燥するようなら朝晩水やりをし、直射日光が当たらない明るい場所で管理しましょう。

🌸 観葉植物も単体ではなく 寄せ植えで楽しんで

　室内に飾るなら、観葉植物の寄せ植えがおすすめです。観葉植物は単体で楽しむ方も多いようですが、寄せ植えにすると、また違った魅力を発揮します。鉢と植物の組み合わせ次第でモダンにもナチュラルにもなるので、インテリアのアクセントに。家にいながらにして、リゾート気分を味わえます。

盛夏も咲き続けるジニア

ジニア'プロフュージョン'など、盛夏でも咲いてくれる植物は、夏の寄せ植えの主役にぴったりです。

観葉植物でリゾート気分

観葉植物の寄せ植えは管理に手間がかからず、一度つくれば一年中楽しむことができます。忙しい方にもおすすめ！

植え

高く育った植物を
生かす

初夏〜夏らしい草丈のある寄せ
植えは、存在感が抜群。脇役として
さりげない小ぶりの寄せ植えを添
えると、風景が立体的になります。

長方形のボックスで個性的に

アンティークの個性的なブリキボックスを使った寄せ植え。
器と同系色のマリーゴールドを、脇役が引き立てています。
凝った器のときは、植える品種は増やしすぎないほうが、器が生きます。

管理のポイント

マリーゴールドは、まめに花がら切りをしましょう。夏に半分くらいに切り戻すと、秋に再び開花します。

使う鉢

ブリキ製
幅45cm×奥行18cm
×高さ15cm

植える植物

❶ フレンチマリーゴールド
'ストロベリーブロンド'
4株

❷ キンギョソウ
'ブロンズドラゴン'

❸ オレガノ
'ケントビューティー'

❹ ユーフォルビア
'ダイアモンドスノー'

❺ オレアリア
'リトルスモーキー'

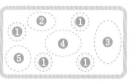

配置図

初夏〜夏の寄せ植え

カレンダー

1	2	3	4	5	6	7	8	9	10	11	12

植えつけ ●—●　　観賞期

つくり方

1 ボックスの底に鉢底網を敷く。切ってそれぞれの穴を塞いでもよい。

2 比較的ボックスが浅いので、鉢底石は使わず培養土を直接入れる。

3 およそ半分の高さまで培養土を入れたところ。

4 ポットのまま苗を仮置きし、位置を決める。

5 まずマリーゴールドから植える。ポットから苗を抜いたところ。

6 根鉢が回っているので、軽くほぐしておく。

7 肩の部分の硬くなっている土を落とす。

8 仮置きで決めた場所に、マリーゴールドの苗を置く。

9 4ポットの苗を配置したところ。

10 背景になるように、キンギョソウ'ブロンズドラゴン'を配置。

11 オレガノ'ケントビューティー'は、脇からはみ出すように配置。

12 ユーフォルビア'ダイアモンドスノー'は、やや前傾させる。

13 枝が張り出すようにオレアリア'リトルスモーキー'を配置。

14 土を入れ、箸などで突いて土中の隙間をなくし、土が沈んだ分を足す。

15 器の底から流れ出るまで、たっぷりと水をやる。

できあがり

気温が上がる時期は
浸透移行性薬剤を使うと安心

初夏以降、植物はどうしても害虫の被害を受けやすくなります。害虫を防ぐには、植えつけの際、培養土に浸透移行性の殺虫剤を混ぜておく方法があります。こうしておくと根から吸収された薬剤成分が植物のすみずみまで行き渡り、害虫を防除してくれます。初夏以降に寄せ植えをつくる際は、この方法がおすすめです。

代表的な浸透移行性の殺虫剤の、オルトラン粒剤。

あらかじめ培養土に、規定量の浸透移行性の殺虫剤を混ぜて使用する。

涼しげでシックな
モノトーンの寄せ植え

ペチュニアが主役の寄せ植え

春の終わり頃から売り出されるペチュニア。花径や花色などバリエーションに富み、初夏〜夏の寄せ植えの主役として活躍します。

芯が黒紫色のペチュニアを主役にしたシックな寄せ植え。
カラーリーフや脇役のふわっとした小花が、ペチュニアを引き立てます。
ヒューケラは、ペチュニアの花の芯と近い葉色のものをセレクト。
花穂が伸びて花が咲くと、アクセントになります。

管理のポイント

ペチュニアは花がしぼんだら萼(がく)ごと花がらを取るように。ネメシアは花が終わったら、半分ほどまで切り戻します。

使う鉢

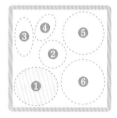

ブリキ製
1辺20cm×高さ20cm

配置図

植える植物

① ペチュニア
'クレイジーチュニア
ブラック&ホワイト'

② ユーフォルビア
'ブレスレスブラッシュ'

③ ラミウム・マクラツム

④ ゴンフォスティグマ・
ヴィルガツム

⑤ ネメシア
'セブンスヘブン ホワイト'

⑥ ヒューケラ

カレンダー

1	2	3	4	5	6	7	8	9	10	11	12
		植えつけ ●—●				観賞期 ●———————————————————●					

角鉢の正面の決め方

角鉢を使用する場合は、植えつける前に角を正面にするか、平面の部分を正面にするかを決めます。鉢のデザインにもよりますが、平面の部分を正面にすると落ち着いた安定感が、角を正面にするとシャープな雰囲気になり遠近感が強調されます。まずはポットのまま鉢に仮置きをし、少し離れたところから全体のバランスを見て正面を決めましょう。

平面の部分を正面にする
落ち着いた雰囲気にしたい場合は平面を正面に見立てる。

角を正面にする
シャープなイメージにしたい場合は角を正面に見立てる。

つくり方

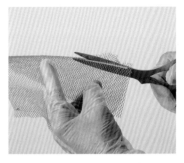

1 台所用の水切りネットや球根が入っ
ていた袋も、鉢底網として使える。

2 適当な大きさに切る。

3 切った網を鉢穴にかぶせる。

4 鉢の深さの¼くらいまで大粒の
パーライトを入れる。

5 パーライトを入れた状態。

6 根鉢の高さを差し引いた高さまで、
適量の培養土を入れる。

7 ポットごと苗を仮置きし、だいたい
の位置を決める。

8 後ろに植えるゴンフォスティグマ
を、ポットから抜いて配置。

9 ネメシアを配置。

10 根鉢の高さに合わせて土を足して調整する。

11 土を足したところにユーフォルビアを配置。

12 ヒューケラは葉面がよく見えるよう、やや斜め前方に傾ける。

13 正面に主役のペチュニアを配置。

14 脇からはみ出すように、ラミウムを配置する。

15 株と株の間や縁近くまでしっかりと土を入れる。

16 縁近くはとくに丁寧に割箸などで土を突き、土中の隙間をなくす。沈んだ分、土を足す。最後に鉢底から流れ出るまでたっぷり水をやる。

できあがり

八重のペチュニアで豪華なリースを

インパクトのある覆輪八重咲きのペチュニアが主役。
主役を引き立たせるため、脇役は控えめな植物を選んでいます。
リースの場合、植物の数は偶数より奇数のほうがおさまりがよく
それぞれの植物を、三角形を意識して配置するとバランスがとれます。

使う鉢

リース用の籠（ビニールが貼ってある）
直径31cm×高さ9cm

マルチング材

ココヤシファイバー

カレンダー

1	2	3	4	5	6	7	8	9	10	11	12

植えつけ　　　　　観賞期

初夏〜夏の寄せ植え

植える植物

❶ ペチュニア'華みやび'3株

❷ トリフォリウム'イエローリボン'3株

❸ プラチーナ3株

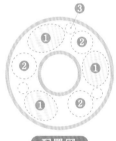

配置図

つくり方

1 籠のビニールに穴がない場合は数ヵ所に穴をあけ培養土を入れる。

2 全体の1/4くらいの深さまで培養土を入れる。

3 ポットのまま苗を仮置きして位置を決める。

4 位置がわからなくならないよう、リースの外側に置く。

5 ペチュニアから植える。根鉢はやや緩めておく。

6 ペチュニアを配置。高さを確認して土の量を調整する。

7 三角形の位置にペチュニアを配置したところ。

8 トリフォリウムは根鉢を緩め、根をスリムにしておく。

9 ペチュニアの花を傷つけないよう注意し、トリフォリウムを配置。

10 3ヵ所にトリフォリウムを配置したところ。

11 プラチーナは枝が他の植物から飛び出すように配置する。

12 バランスを見て枝数が多すぎる場合はカットする。

13 株と株の間や縁の際までしっかりと土を入れる。

14 小さなスコップなどで土を突いて空洞をなくす。縁はとくに丁寧に。

15 土が沈んだ分、土を足す。

16 全体のバランスを見て、伸びすぎているペチュニアはカットする。

17 リースの穴の部分に植物がかかり、穴がよく見えない状態。

18 内側に伸びた茎を切り、穴がわかるようにする。

19 全体を整えたところ。このくらいペチュニアをカット。

20 土の乾燥を防ぐため、表面にココヤシファイバーを敷く。

21 蓮口を外したジョウロで底から水が流れ出るまでしっかりと水をやる。

できあがり

さわやかなカラーの
涼しげなハンギング

ペチュニアとカリブラコア交配から生まれた'ビューティカル'は、次々と開花します。
さわやかなイエローに合わせて、黄金葉のアジュガを添えて。
銅葉のキンギョソウが奥行きを、コプロスマが動きを出してくれます。

使う器

ハンギング用バスケット
直径26cm×高さ18cm

マルチング材

水苔

カレンダー

1 2 3 4 5 6 7 8 9 10 11 12

植えつけ ●━━● 観賞期 ●━━━━━━━━━●

植える植物

❶ ペチュニア×カリブラコア
'ビューティカル
フレンチバニラ'

❷ ペチュニア×カリブラコア
'ビューティカル
イエローサン'

❸ キンギョソウ
'ブロンズドラゴン'

❹ コプロスマ・ブルンネア

❺ アジュガ'ゴールドライム'

初夏〜夏の寄せ植え

作業用の台があると便利

管理のポイント

ビューティカルは他のペチュニア類に比べて雨
に強いので屋外に飾れます。梅雨時〜夏に株
姿が乱れたら、茎の半分くらい切り戻しを。

配置図

つくり方

1 セロファン（またはビニール）を50
cm四方くらいに切ってバスケット
に敷く。

2 水が流れ出るよう、底に穴をあける。

3 培養土を適量入れる。ハンギング
用の軽めの培養土がおすすめ。

4 バスケットのサイズよりやや大きめにセロファンを切る。

5 縁から2cm程はみ出しているくらいがちょうどよい。

6 ポットごと苗を仮置きして位置を決める。

7 アジュガをポットから抜き、配置してからビューティカルを配置。

8 背景になるキンギョソウ'ブロンズドラゴン'を配置。

9 もう1株のビューティカルを配置。

10 コプロスマは根鉢が回っているので、ほぐして緩める。

11 このくらいほぐせば大丈夫。

12 コプロスマはやや傾けて配置する。

13 鎖の出る位置を確認し、全体を調整する。

14 株元までしっかりと土を入れる。

15 ぶら下げてバランスがとれるか確認し、傾く場合は苗の位置を調整。

16 割箸か小さなスコップなどで土を
突き、土中の隙間をなくす。

17 土が沈んだ分、土を足す。

18 はみ出しているセロファンを切る。

19 水で戻した水苔を軽く絞り、手のひらで押さえて薄く平らにする。

20 土の表面に水苔を敷く。

21 蓮口を外したジョウロで、底から水が
流れ出るまでたっぷりと水をやる。

できあがり

3種でつくる愛らしい寄せ植え

筋やぼかしが入る変わり咲きの
ペチュニア2株を使い
ピンクのグラデーションに。
同じ色調で花径がごく小さい
ギョリュウバイと合わせた
同系色の寄せ植えです。
色幅のある品種を使うと
植える植物の種類が少なくても
複雑なニュアンスが生まれます。

使う鉢

ブリキ製
直径18cm×高さ20cm

植える植物

❶ ペチュニア'夢のしずく'2株
❷ ギョリュウバイ
❸ プラチーナ

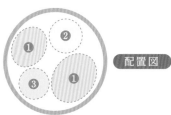

配置図

つくり方のポイント

ギョリュウバイの背が高すぎると間延びした感じになるので、
全体のバランスを見て、使う苗のサイズを決めます。

カレンダー

1	2	3	4	5	6	7	8	9	10	11	12

植えつけ ●━━●　　観賞期 ━━━━━━━━━━

反対色を使って元気カラー

咲き進むにつれて黄色からオレンジ、朱色へと色が変わる中輪のペチュニアを使用。
ペチュニアと同系色のプリペット、反対色のネメシアを組み合わせ
鉢の色も反対色を意識した、ビビッドな印象の寄せ植えです。

使う鉢

陶製
直径24cm×高さ28cm

植える植物

❶ペチュニア 'マジシャンレッド'
❷プリペット 'レモンアンドライム'
❸ネメシア 'ネシア ダークブルー'
❹ワイヤースペード

配置図

つくり方のポイント

背が高めの鉢を使う場合は、この寄せ植えの
ようにつる性植物を鉢の縁から垂らすと、バ
ランスがとれ、動きも生まれます。

カレンダー

1	2	3	4	5	6	7	8	9	10	11	12

植えつけ ●━━● 　　観賞期 ●━━━━━━━━━━━━━●

木を取り入れて
存在感を演出

真紅のペチュニアとプリペット、
葉の大きなセネシオが存在感を放つ
ダイナミックな寄せ植え。
植物が大きく育っている季節なので
つくりたてでも豪華です。

使う鉢

素焼き
直径30cm×高さ24cm

植える植物

❶ ペチュニア×カリブラコア
　‘ビューティカル ボルドー’
❷ キンギョソウ‘ブロンズドラゴン’
❸ プリペット‘レモンアンドライム’

❹ フクシア‘ハーモニー’
❺ アゲラタム‘アロハブルー’
❻ セネシオ‘エンジェルウィングス’

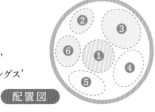

配置図

つくり方のポイント 素焼き鉢にこれだけ植物を植える
と、どうしても重くなります。鉢底に大粒のパーライトや砕い
た発泡スチロールなどを入れて軽量化を図りましょう。

カレンダー

1	2	3	4	5	6	7	8	9	10	11	12

植えつけ ●━━● 　観賞期 ━━━━━━━━━

白で統一して涼しげに

淡いクリーム色のビューティカルを主役に、ホワイトで統一。
背の高いオルレアが風にそよぎ、涼を呼びます。
エロディウムの花弁としべ、ラミウムの花のピンクが、
控えめでかわいらしいアクセントに。

使う鉢

グラスファイバー製
直径35cm×高さ20cm

植える植物

1 ペチュニア×カリブラコア
　'ビューティカル フレンチバニラ'
2 オルレア
3 セネシオ'エンジェルウィングス'
4 ラミウム'スターリングシルバー'
5 コプロスマ・ブルンネア
6 エロディウム'スイートハート'

初夏〜夏の寄せ植え

配置図

つくり方のポイント

無彩色を強調するため、
あえて黒い鉢を使用。
オルレアは咲き終わっ
たら抜くと、ニュアンス
が異なる寄せ植えを楽
しめます。

香りのある植物を
集めて

明るいピンクのミニバラと
反対色のブルーの鉢を使い、
ビビッドな印象に。
葡萄性（ほふく）のタイムや
暴れたカモミールで
動きを出しています。

使う鉢

陶製
直径20cm×高さ19cm

植える植物

❶ ミニバラ'コルダナシリーズ
　タマラ'2株
❷ ゼラニウム
　'レモンローズ ゼラニウム'
❸ ジャーマンカモミール
❹ クリーピングタイム
❺ チャイブ

配置図

つくり方のポイント

ミニバラはアブラムシがつきやすいので、培養土に浸透移行
性の殺虫剤を混ぜておくと安心です（p115参照）。

カレンダー

1	2	3	4	5	6	7	8	9	10	11	12

植えつけ ●—●　　観賞期 ●————————●

半日陰を明るくする一鉢

梅雨時の薄暗い日に、目をなごませてくれるアジサイ。
合わせているのはすべて半日陰向きの植物なので
日があまり当たらないスペースに置くと
あたりをぱっと明るく華やかにしてくれます。

使う鉢

素焼き
直径24cm×高さ13cm

植える植物

1 アジサイ'ふるふるピンク'
2 ヒューケラ'インフィニティ'
3 ニシキシダ'ピューターレース'
4 ササスゲ'白露錦'

配置図

つくり方のポイント アジサイの寄せ植えは、樹高の低い開花苗を使うようにします。明るい斑入り葉のササスゲと合わせると、お互い引き立て合います。

カレンダー

1	2	3	4	5	6	7	8	9	10	11	12

●—● 植えつけ
●——● 観賞期

次々咲く
ジニアを生かして

ジニア'プロフュージョン'は
初夏から秋まで咲き続け
花色も豊富なので、
夏の寄せ植えの主役にぴったり。
花の端境期に、大活躍してくれます。
写真の寄せ植えは涼しげな
レモンイエローに反対色の
ブルーがきいています。

使う鉢
陶製
直径22cm×高さ26cm

植える植物

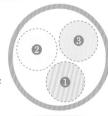

❶ ジニア'プロフュージョン レモン'
❷ ロベリア'夏子 スウィートブルー&
　 ピュアホワイト'
❸ コロキア・バリエガータ

配置図

つくり方のポイント　淡いイエローの花色と斑入り
のコロキアの葉色、鉢の色を合わせることでさわやかな
印象に。反対色のブルーが差し色になっています。

カレンダー

1	2	3	4	5	6	7	8	9	10	11	12

●━ 植えつけ
観賞期 ●━━━━━━━━━●

高温にも耐え、花が絶えない

盛夏の間も元気に咲いてくれるニチニチソウは
夏の寄せ植えにぜひ使いたい植物です。
花色と共通する朱色が冴えるコリウスやヒューケラを合わせて
夏に負けない、元気を与えてくれる一鉢に。
ワイヤープランツが動きを生み、さわやかさを添えています。

カレンダー

1	2	3	4	5	6	7	8	9	10	11	12

植えつけ
観賞期

使う鉢

コンクリート製
直径22cm×高さ21cm

植える植物

① ニチニチソウ'タトゥー'
② 斑入りワイヤープランツ
　'スポットライト'
③ ヒューケラ'リップスティック'
④ コリウス
　'フレームスローワー チポトレ'

配置図

つくり方の**ポイント**
ニチニチソウもコリウス
も大きく育つことを見越
して鉢を選ぶように。コ
リウスはよく茂るので、
伸びすぎたらカットしま
しょう。

クローバーを添えて
かわいらしく

花径4cm程度で、やさしいベビーピンクに
ローズレッド系の色が混じるペチュニア'花舞姫'。
単独で植えてもかわいいですが、クローバーを添えるだけで
さらに愛らしさが引き立ちます。

使う鉢

ブリキ製
幅23cm×奥行12cm×高さ10cm

植える植物

❶ ペチュニア'花舞姫'
❷ クローバー'ティント ワイン'

❷ ❶ 配置図

つくり方のポイント

ブリキの器を使用。小さい器を利用する場合
は土が乾きやすいので、できればマルチング
を。乾燥防止に加えおしゃれ感も出ます。

カレンダー

1	2	3	4	5	6	7	8	9	10	11	12

●―●植えつけ

観賞期 ●―――――――――――――●

うつむいて咲くフクシアを
小花が引き立てる

楚々とした花の植物を3種集めた小さな寄せ植え。
チャイブは花が終わっても、線状の葉がアクセントに。
茂ってきたらカットして、料理の薬味としても使えます。
フクシアは高温多湿に弱いので、
夏は風通しのよい半日陰で管理しましょう。

つくり方のポイント

フクシアは水はけのよい土を好むので、市販の培養土
に赤玉土の小粒を2割程度混ぜると、よく育ちます。

使う鉢　ブリキ製
幅22㎝×奥行16㎝×高さ11㎝

植える植物

❶ フクシア'ハーモニー'　❷ チャイブ
❸ ラミウム'ミスマーメイド'

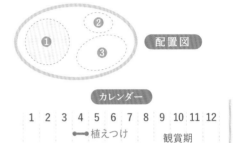

配置図

カレンダー

1	2	3	4	5	6	7	8	9	10	11	12

植えつけ　　　　観賞期

観葉植物の寄せ植え

部屋にグリーンがあると、涼しげな印象に。
観葉植物の寄せ植えは、
いったんつくると一年中楽しめます。

赤いアグラオネマが花代わりに

華やかな葉色のアグラオネマを花に見立てて
枝に動きがあるフィカスや垂れるピレア・グラウカなどで変化を。
観葉植物を植える際は、水はけのよい培養土なら、
とくに観葉植物専用土でなくても大丈夫です。

管理のポイント
直射日光に当たると葉焼けするので、レースのカーテン越しに光が当たる場所など、直射日光の当たらない明るい室内で管理します。

使う器

陶製
一辺20cm×高さ24cm

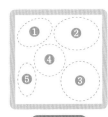

配置図

カレンダー

1	2	3	4	5	6	7	8	9	10	11	12

植えつけ

観賞期（周年）

初夏～夏の寄せ植え

植える植物

クロトン‘流星’

フィカス・ルビギノーサ

トラディスカンティア
‘パープルエレガンス’

アグラオネマ
‘チャイニーズレッド’

ピレア・グラウカ
‘グレイジー’

つくり方

1 鉢穴に鉢底網をかぶせる。

2 鉢の深さの1/4程度まで、小粒のパーライトを入れる。

3 水はけのよい培養土を適量入れる。

4 鉢の縁から10cm程度のところまで
　土を入れた状態。

5 一番背の高いフィカス・ルビキノー
　サから、ポットごと仮置きする。

6 すべての苗をポットごと仮置きし
　て位置を決める。

7 フィカス・ルビキノーサは、太い根
　を傷つけないよう根鉢は崩さない。

8 根鉢ごと配置。他の植物や根鉢に
　合わせて土を足す。

9 クロトンを、やや外側に傾けて配置。

10 アグラオネマは、やや手前に傾けて
　配置。

11 細かい根が多く出るトラディスカン
　ティアは根鉢を緩める。

12 このくらいスリムな状態にしてから
　植える。

13 根を他の苗の間に押し込むように
　して配置。

14 ピレア・グラウカは垂れ具合を調整
　しながら配置する。

15 苗と苗の間と縁近くはとくにしっか
　りと土を入れる。

16 割箸などで土を突いて、土中の隙間をなくす。

17 土が沈んだ分、土を足す。

18 蓮口を外したジョウロで、鉢底から流れ出るまでしっかりと水をやる。

仕上げのバリエーション

インテリアのテイストや好みに合わせて、マルチング材を選びましょう。

A ココヤシファイバーを使う

ヤシの実の繊維からつくられたマルチング材。ナチュラルな雰囲気が演出できます。

B パミス(軽石)を使う

色が白く、粒が揃っていて小さいパミスはマルチング材としても使えます。モダンな雰囲気に仕上がります。

できあがりA

できあがりB

さまざまな葉の表情を楽しむ

存在感のあるカラテア、色が鮮やかなペペロミア、線状のミスキャンタスなど
葉色や葉形、葉の大きさが違う植物を集め、葉のバリエーションを楽しむ寄せ植え。
直射日光が当たると日焼けするので、直射日光には当てないように。

使う鉢

陶製
1辺13cm×高さ25cm

植える植物

❶ カラテア・オルナータ
  'サンデリアーナ'
❷ ペペロミア・
  プテオラータ'ラグラス'
❸ ステレオスペルマム
  'レモンライム'
❹ ペペロミア・カペラータ
  'キト'
❺ ピレア・グラウカ
  'グレイジー'
❻ ミスキャンタス

配置図

つくり方のポイント
背が高い鉢を使う場合は、ピレア・グラウカのような垂れる植
物を使うと、バランスよくまとまります。

カレンダー
1 2 3 4 5 6 7 8 9 10 11 12

植えつけ

観賞期（周年）

アンスリウムを引き立てる組み合わせ

アンスリウムの花のように見える部分は、じつは苞。
美しい苞を長期間楽しむことができ、
寄せ植えの主役としてもおすすめです。
葉色や葉形にコントラストがつく植物と合わせましょう。

使う鉢　陶製
直径21cm×高さ26cm

植える植物

❶ アンスリウム（赤、白）
❷ プテリス・エンシフォルミス（ホコシダ）
❸ トラディスカンティア'パープルエレガンス'
❹ ピレア・グラウカ'グレイジー'

配置図

つくり方のポイント　なるべく水はけのよい用土を使うようにしましょう。アンスリウムは乾燥した空気を嫌うので、乾燥気味のときは霧吹きで葉水を与えます。

カレンダー

1	2	3	4	5	6	7	8	9	10	11	12

●————●植えつけ
●————————●観賞期

存在感のある葉を楽しむ

圧倒的な葉の存在感を楽しむ寄せ植えです。
葉面の大きいカラテアが主役で、準主役がクテナンテ。
シダ類やワイヤープランツなどが
大きな葉を引き立てます。

つくり方のポイント　素焼きの大鉢を使う場合は、少しでも軽くするため、底に発泡スチロールの塊や逆さにしたプラスチック鉢などを置いて底上げする方法もあります。

使う鉢　素焼き
直径33cm×高さ35cm

植える植物

❶ カラテア・ロゼオピクタ'ロージー'
❷ クテナンテ'グレイスター'
❸ タマシダ
❹ トラディスカンティア'プラチナエレガンス'
❺ 斑入りワイヤープランツ'スポットライト'

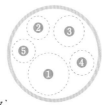

配置図

カレンダー

1	2	3	4	5	6	7	8	9	10	11	12

●————●植えつけ
●————————————————●観賞期（周年）

コリウス

シソ科 一年草扱い 草丈20〜100cm 葉の観賞期6〜10月

葉色や葉の模様の種類が豊富で、華やかさは花に負けないほど。花の種類が少ない夏に活躍します。

●管理のポイント
植えつけの際は根鉢を崩さないように。風通しと日照を好みますが、夏の直射日光で色が褪せるようなら、明るい半日陰に移しましょう。花穂が出たら根元から切ると、より長く葉を楽しめます。

ジニア‘プロフュージョン’

キク科 一年草 草丈20〜40cm 花期5〜11月

花径5〜6cmで、花色にバリエーションがあり、八重の品種もあります。花期が長く、丈夫で次々と開花し、夏も元気に咲いてくれます。

●管理のポイント
花がら摘みをしなくてもよく花が咲きますが、こまめに摘むとさらに花が多くなり、美観も保てます。また、マルチングをすると、うどんこ病を予防できます。

ニチニチソウ

フェアリースター（小輪タイプ）

キョウチクトウ科 一年草 草丈20〜50cm 花期6〜10月

初夏から秋まで次々と咲くので、この名がつきました。白〜赤を中心に花色のバリエーションが多く、小輪品種もあります。寄せ植えにはわい性品種が向いています。

●管理のポイント
咲き終わった花は自然に散りますが、葉の上に花弁が残っていると見苦しいだけではなく病気の原因にもなるので、こまめに取り除きましょう。

バーベナ

クマツヅラ科　一年草
草丈20〜50cm
花期5月中旬〜11月中旬

サクラソウに似た小さな花が、長期間
にわたり次々と咲き続けます。花色
は多種多様で、ラナイシリーズは病
気に強く半匍匐性、エストレラシリー
ズはあまり徒長しません。
●管理のポイント
蒸れるとうどんこ病が発生することが
あるので、風通しのよい所で管理。
花がひと休みしたら切り戻して追肥
をすると、再び開花します。

ラナイシリーズ　　　　　　　　　　エストレラシリーズ

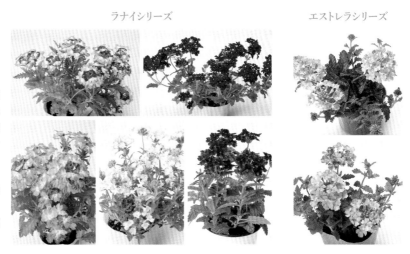

ペチュニアの仲間

ナス科　一年草　草丈15〜50cm
花期4〜11月

一重、八重、小輪など多彩な品種が
あり色も豊富で、初夏〜夏の寄せ植
えやハンギングの主役の代表格。毎
年新品種が発表されます。カリブラコ
アとの交配種のビューティカルは雨
に強いのが特徴です。
●管理のポイント
ビューティカル以外の花弁は雨に弱
いので、なるべく雨に当てないよう
に。梅雨前に半分くらいに切り戻す
と、草姿が整い、再び開花します。

クレイジーチュニアシリーズ

あずき

雲雀　　　　　　ブルーペイン

マルベリー　　　　　　チーク

華みやび　　　　イエローダイアモンド　　ビューティカル〈ペチュニア×カリブラコア〉

マジシャンレッド

ダブルブルーアイス

フレンチバニラ

イエローサン

図鑑

初夏〜夏の主役に向く花 【図鑑】

ハイドランジア（アジサイ）

アジサイ科　落葉低木　花期6〜8月

梅雨〜初夏を涼しげに彩ってくれます。寄せ植えには、コンパクトに仕立てた鉢苗を使いましょう。

●管理のポイント

花がらを摘む際は、3〜5芽を残して新しい枝を剪定すると、翌年も花が咲きます。耐陰性もあるので半日陰でも大丈夫ですが、真夏以外は日が当たる場所が向いています。

フレンチラベンダー

シソ科　常緑低木　樹高30〜60cm　花期5〜7月

ラベンダーは種類が豊富で、品種によって香りも異なります。寄せ植えに使うなら華やかなフレンチラベンダーがおすすめ。

●管理のポイント

過湿が苦手なので、鉢底石を多めにして水はけのよい土で育てます。高温多湿に弱いので風通しのよい場所で管理し、枝が込み合ってきたら枝透かし剪定をしましょう。

フクシア

アカバナ科　落葉低木　樹高30〜150cm
花期4〜7月中旬、10月中旬〜11月

下向きに咲く繊細で優雅な花は、「貴婦人のイヤリング」の異名も。夏の暑さが苦手ですが、日本で作出された'エンジェルスイヤリング'シリーズは、日本の気候でも育てやすい品種です。

●管理のポイント

梅雨時に切り戻しをし、夏は涼しく風通しのよい半日陰で管理を。ハンギングにすると風通しが確保しやすく花姿も映えます。

マリーゴールド

キク科　一年草　草丈20〜100cm　花期4〜11月

大輪のアフリカンマリーゴールドと小輪多花性のフレンチマリーゴールドが代表的な系統。いずれもビタミンカラーの鮮やかな花が咲きます。

●管理のポイント

日当たりと風通しのよい場所で管理を。病気を防ぐため長雨に当てないようにします。盛夏に花が止まったら、半分くらいまで切り戻すと再び開花します。

ミニバラ

バラ科　落葉低木
花期5〜11月

樹高が低く、愛らしい花を数多く咲かせるミニバラは寄せ植えの主役としても人気。連続開花性に優れた品種も増え、秋まで次々と咲いてくれます。

●管理のポイント

花が咲き終わったら、花茎の半分くらいの位置で切ると、新しい芽が出て、その先にまた花が咲きます。病気を防ぐために、風通しのよい所で管理を。

レウィシア・コチレドン

スベリヒユ科　多年草　草丈10〜30cm　花期11月〜翌6月

北米の山地が原産の植物の園芸種。肉厚な葉をロゼット状に広げ、花茎が伸びてピンクや白の花を咲かせます。乾燥気味の環境を好むので、多肉植物との寄せ植えでも活躍します。

●管理のポイント

花後に花茎からカットすると、何度か花が咲きます。耐寒性はありますが高温多湿が苦手で、夏に枯れることもあります。

アグラオネマ

サトイモ科　常緑多年草　草丈10〜50cm

葉の模様が美しく、さまざまな品種があります。丈夫で乾燥に強く、耐陰性にも優れており、室内栽培に向きます。ゆっくり成長し、株姿が乱れにくいのも特徴。

●管理のポイント
直射日光が当たらない場所で管理します。高温多湿を好むので、霧吹きで葉水を与えると元気に育ちます。エアコンによる乾燥に注意を。

チャイニーズレッド

アンスリウム

サトイモ科　常緑多年草　草丈30〜80cm　花期5〜10月

花のように見えるのは仏炎苞（ぶつえんほう）と呼ばれる苞。赤やピンク、白の仏炎苞が長く楽しめます。光沢のある葉も魅力です。

●管理のポイント
直射日光を避け、屋内の明るい場所で管理します。過湿を嫌うので、水はけのよい用土に植え冬は乾かし気味にします。花色が褪せたら花茎の根元から切ります。

カラテア

クズウコン科　常緑多年草
草丈40〜60cm

熱帯アメリカに300種ほど自生。葉にエキゾチックな模様が入る品種が多く、存在感があります。夜になると葉が立って閉じるのが特徴です。

●管理のポイント
直射日光の当たらない明るい場所で管理を。ただし日照不足だと葉が貧弱になります。春〜秋は霧吹きで葉水を与え、冬は最低温度を12℃以上に保つように。

カラテア・オルナータ
‘サンデリアーナ’

カラテア・エリプティカ
‘ビッタタ’

カラテア・ロゼオピクタ
‘ロージー’

クロトン

トウダイグサ科　常緑低木　樹高50〜150cm

葉の色や形が豊富なことから「変葉木」という別名があります。トロピカルな雰囲気が人気で、インテリアグリーンとして活躍します。

●管理のポイント
日照を好み、直射日光に当てると葉色が鮮やかになります。冬はガラス越しに日光を当てるように。暖房で乾燥すると葉が落ちるので、霧吹きで葉水を与えます。

‘流星’　　‘アキュビフォーリア’

ドラセナ

キジカクシ科　常緑低木　樹高30〜150cm

細い幹がくねくね曲がり、細葉のものや幅が広い葉のものなど、バリエーションが豊富です。

●管理のポイント
夏の直射日光で葉焼けすることがあるので、明るい日陰で管理を。光の方向に向かって枝が伸びるので、ときどき鉢の向きを変えましょう。伸びすぎたら4〜5月に切り戻します。

ドラセナ・スルクロサ
（ゴッドセフィアナ）

ドラセナ・
サンデリアーナ

寄せ植えに向く観葉植物

シンゴニウム

サトイモ科 つる性多年草
つる伸長30〜100cm

自生地では根を他の木に張りつかせて上にあがります。葉色や葉の模様が豊富で、手間をかけなくてもきれいに育ちます。
●管理のポイント
葉焼けしやすいので、一年を通して直射日光の当たらない明るい場所で管理します。乾燥気味の土を好むので、水をやりすぎないように。ときどき霧吹きで葉水を与えましょう。

ブラックベルベット

シルキー

ゴールデン
アリュージョン

トラディスカンティア

ツユクサ科 常緑多年草
草丈10〜15cm

赤紫、灰緑色に紫の線が入るもの、淡い黄色の覆輪や斑が入るものなど葉色が豊富で、カラーリーフとして活躍します。匍匐（ほふく）するものが多く、鉢からこぼれるように植えられます。
●管理のポイント
耐寒性もあり、日向〜半日陰で育ちますが、日照不足だと徒長します。生育旺盛なので、伸びすぎたら適宜切り戻します。

プラチナエレガンス

ゼブリナ（赤系）

パープルエレガンス

ラベンダー

ライム

ピレア

イラクサ科 常緑多年草
草丈5〜30cm

熱帯〜亜熱帯で650種ほど自生しています。寄せ植えやハンギングで使いやすいのは、葉の小さいピレア・グラウカや、葉色が美しい'シルバーツリー'などの品種です。
●管理のポイント
春〜秋は屋外を好み、半日陰でも育ちます。冬は屋内で管理をし、ガラス越しの日光を当てるようにします。

ピレア・グラウカ'グレイジー'

ピレア・インボルクラータ
'シルバーツリー'

フィカス

クワ科 常緑低木
樹高30〜200cm

いわゆるゴムの木の仲間。丈夫で育てやすく、インドアグリーンとして活躍します。フィカス・ルビギノーサは気根が出るのが特徴です。
●管理のポイント
日照が不足すると枝が徒長し、樹形が乱れます。明るい場所で育てましょう。寄せ植えに使う場合は、大きくなりすぎたら5〜6月に切り戻します。

フィカス・ルビギノーサ
（フランスゴム）

フィカス・エラスティカ'デコラ
トリカラー'（インドゴムノキ）

148

フィロデンドロン

サトイモ科 常緑多年草
草丈15〜100cm

自然界では木に絡まって成長
しますが、直立性の品種もあり
ます。直立性の品種も、うねり
ながら伸びていきます。葉の形
や色のバリエーションが豊富。
●管理のポイント
一年を通して直射日光の当たら
ない明るい場所で管理します。
冬は水やりを控えめにします。
空中湿度を好むので、ときどき
霧吹きで葉水を与えましょう。

ブレクナム'シルバーレディ'

シシガシラ科 シダ植物 草丈30〜100cm

オーストラリア原産の木立性のシダで、幹から葉が出ます。ヤ
シを連想させる細かい葉が魅力です。
●管理のポイント
直射日光を避け、半
日陰で風通しのよい
場所で管理します。
空中湿度を好むの
で、ときどき霧吹きで
葉水を与えましょう。
冬は室内の窓際など
の、5℃以下にならな
い所で管理を。

ペペロミア

コショウ科 常緑多年草
草丈15〜30cm

葉色や形が多彩で、立ち性や
垂れ性など、草姿もいろいろ。
園芸品種は比較的小さくまとま
るものが多いので、寄せ植えに
使いやすい観葉植物です。
●管理のポイント
やわらかい日差しを好み、レー
スのカーテン越しの光くらいが
適切。過湿が苦手なので水のや
りすぎに注意を。ハダニが出た
ら薬剤散布をおすすめします。

ペペロミア・アングラータ

ペペロミア・グラベラ
（キフペペロミア）

ペペロミア・カペラータ'銀河'

ペペロミア・アルギレイア
（スイカペペ）

ペリオニア・プルクラ

イラクサ科 匍匐性常緑多年草 草丈約10cm

ベトナム原産で、葉に模様が入るのが特徴。匍匐性なので、
ハンギングや寄せ植えの縁から垂らすように使えます。
●管理のポイント
明るい室内か、屋外
の半日陰で管理しま
す。直射日光は葉焼
けの原因になるので、
避けるように。乾燥が
苦手なので、水切れ
に注意しましょう。

ポリシャス'マルギナタ'

ウコギ科 常緑中低木
樹高30〜200cm

ポリシャスはさまざまな種類が
ありますが、'マルギナタ'は葉
に白い覆輪が不規則に入るの
が特徴。他にわい性や新芽が
黄金葉になる品種もあります。
●管理のポイント
耐陰性が弱いため、できるだけ
日に当てるように。長期間日陰
で育てると、株が軟弱になり葉
色も悪くなります。ハダニが出た
ら薬剤散布をおすすめします。

秋〜冬 の寄せ植え

🌸 秋はシックに、冬は明るく

秋が近づくと、シックで落ち着いた雰囲気の寄せ植えが恋しくなります。秋の風情を表現するために欠かせないのが、穂状の植物や実もの。紅葉を思わせる赤いカラーリーフも活用しましょう。

秋が深まるにつれて、パンジーやビオラの苗が多く流通するようになります。またストックやシクラメンなども、売り出されるように。冬も咲いてくれる花を使った寄せ植えは、寂しくなりがちな冬の景色を華やかに彩ってくれます。

🌸 イベントに合わせて 楽しんで工夫を

秋〜冬にかけては、ハロウィン、クリスマス、お正月などさまざまなイベントがあります。イベントを意識した寄せ植えは、玄関などのウェルカムプランツとしても最適。たとえばハロウィンの寄せ植えの近くにミニカボチャを置いたり、クリスマスならキャンドルやクリスマスグッズを添えるなど、ディスプレイ感覚で楽しんでみては？

パンジーの季節到来
秋になるとパンジー、ビオラの苗が園芸店に並ぶように。秋〜春の寄せ植えに欠かせない花です。

寄せ植えで クリスマスの演出を

チェッカーベリーの赤い実は、クリスマス向けの寄せ植えの主役に。華やかな雰囲気になります。

秋に似合う
シックな寄せ植え

グラス類や赤紫色の花や葉は、秋
の風情を演出するのにピッタリ。セ
ロシアやチョコレートコスモス、ア
ルテルナンテラなどが活躍します。

グラスと赤い葉で
秋らしさを演出

穂が出るペニセタム、
赤い葉のアルテルナンテラ、
濃いピンクのセロシアが秋の風情を強調。
株元が寂しいので、クラッスラで
株元を隠し、アクセントに。

管理のポイント

ペニセタムの葉先が枯れてきたら、斜めに切って枯れた部分を取り除くと美観を保てます。セロシアは乾燥を嫌うので、水切れに注意。

カレンダー

| 1 | 2 | 3 | 4 | 5 | 6 | 7 | 8 | 9 | 10 | 11 | 12 |

植えつけ
観賞期

秋〜冬の寄せ植え

使う鉢

素焼き
直径25cm×高さ24cm

配置図

植える植物

❶

ロフォミルタス
‘マジックドラゴン’

❷

ペニセタム
‘ファイヤーワークス’

❸

カリオプテリス
‘パビリオン’

❹
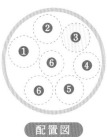
クラッスラ・クーペリー
‘あかり’

❺

アルテルナンテラ
‘レッドフラッシュ’

❻

セロシア‘スマートルック
ロマンティカ’2株

つくり方

1 鉢底網を敷き、パーライトを適量入れてから培養土を入れる。

2 植える苗をポットのまま仮置きして、場所を決める。

3 ペニセタムは枯れている葉をあらかじめ取り除いておく。

4 葉先が枯れている場合は、斜めにハサミで切り落すと自然な形になる。

葉に対して直角に切ってしまうと、葉形が不自然になる。

5 根鉢が回っている場合は軽く緩め、肩の土を落としておく。

6 奥に植える背の高い植物から配置していく。

7 奥に植えるカリオプテリスを配置。

8 アルテルナンテラはやや外側に倒して配置する。

9 次に植えるクラッスラは根が短いので、土を足して高さを調整。

10 アルテルナンテラの株元の空間を隠すようにクラッスラを配置。

11 セロシアは直根性なので、根鉢は
崩さないようにする。

12 セロシア2株を配置。手前の株は、
やや前傾させる。

13 隙間に土を入れていく。株の間や
鉢の縁はとくに丁寧に。

14 割箸などでよく突いて土中の隙間
をなくし、沈んだ分土を足す。

でき
あがり

15 鉢底から流れ出るまでたっぷりと
水をやる。

玉のように咲くマムが
存在感抜群

存在感のあるマムを、
斑入り葉、銅葉、紅葉した葉と
コプロスマが引き立てます。
小花のユーパトリウムを
加えることで、
軽やかさも出ます。

使う鉢

グラスファイバー製
直径28cm×高さ22cm

植える植物

❶ ポットマム'ダンテイエロー'
❷ 斑入りランタナ
❸ ユーパトリウム'チョコレート'
❹ コプロスマ
　'チョコレートソルジャー'
❺ トウガラシ'カリコ'
❻ ハツユキカズラ

配置図

つくり方のポイント

ランタナとハツユキカズラは、鉢からあふれるように植えると動き
が出ます。ポットマムはやや前傾させると、花がよく見えます。

カレンダー

1	2	3	4	5	6	7	8	9	10	11	12
			植えつけ								
								観賞期			

秋色でシックに

人気のチョコレートコスモスが主役の寄せ植え。
明るい葉色のリーフと合わせることで、
花色を浮き立たせています。

使う鉢　陶製
直径22cm×高さ26cm

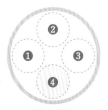

植える植物

❶ アルテルナンテラ‘マーブルクイーン’
❷ コロキア・バリエガータ
❸ カレックス・オシメンシス‘エヴァリロ’
❹ チョコレートコスモス

配置図

カレンダー

1	2	3	4	5	6	7	8	9	10	11	12
								植えつけ ●━━●			
							観賞期 ●━━━●				

つくり方のポイント
楚々とした花が主役の場合は、植物の種類をあまり増やさないほうが引き立ちます。

つくり方のポイント
ワイヤーの器を使う場合は、内側にココヤシファイバーを張り、底に穴をあけたセロファンを敷いて用土を入れます。

秋〜冬の寄せ植え

ピンクを生かして愛らしく

ピンクのグラデーションを意識した寄せ植え。
アベリアも葉がピンク系の品種を使っています。
ピンクとシルバーリーフは合うので、
ヒューケラはシルバー系を選んでいます。

使う鉢　ワイヤー製
直径30cm×高さ12cm

植える植物

❶ アルテルナンテラ‘千紅花火’
❷ アベリア
　‘マジック デイドリーム’
❸ ヒューケラ‘ドルチェ
　シルバーガムドロップ’
❹ ランタナ

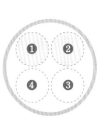

配置図

カレンダー

1	2	3	4	5	6	7	8	9	10	11	12
							植えつけ ●━━●				
			観賞期 ●━━━━━━━●							

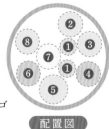

10月 ハロウィン気分を盛り上げる

カボチャ型をしたソラナム・パンプキンがハロウィンにピッタリ。トウガラシやジュズサンゴなど、
実ものを使うと、秋らしい雰囲気に。カラーリーフでメリハリをつけています。

使う鉢

素焼き
直径30cm×
高さ12cm

植える植物

❶ ソラナム・パンプキン 2株
❷ ネコノヒゲ
❸ ジュズサンゴ
❹ 野ブドウ・オーレア
❺ ビデンス・オーレア
❻ トウガラシ'オニキスレッド'
❼ 黒葉ダリア'カクテルアミーゴ
　　マルガリータ'
❽ カレックス'ブキャナニー'

配置図

つくり方のポイント

ダリアは球根植物なので、植える際は根鉢
を崩さずにそのまま植えるようにします。

カレンダー

1	2	3	4	5	6	7	8	9	10	11	12
								植えつけ●━━●			
						観賞期●━━━━━●					

花の少ない季節を華やかに

ストックもビオラも、
秋から翌年5月くらいまで
長期間咲いてくれる花。
花が少なくなる冬の間を
華やかに彩ってくれます。
明るい黄金葉のセダムや
ウンナンオウバイを添えて、
明るさも演出。
銅葉のコプロスマが
全体を引き締めてくれます。

12月

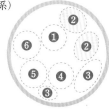

2月

使う鉢
素焼き
直径28cm×
高さ23cm

植える植物
❶ ウンナンオウバイ　❷ ストック（イエロー系）2株
❸ セダム'ゴールデンカーペット' 2株
❹ パンジー'夢見るパンジー'（イエロー系）
❺ アンティークビオラ
　'ファルファリア No.24'
❻ コプロスマ'チョコレートソルジャー'

カレンダー

1	2	3	4	5	6	7	8	9	10	11	12

植えつけ ●—●
観賞期 ●————————●

配置図

つくり方のポイント
ビオラが大きく育つことを見越して鉢の選定を。ウンナンオウバイは、3〜4月にイエローの花をつけます。

天使と迎えるクリスマス

細い葉が美しいアゴニスと
赤い実が長期間楽しめるチェッカーベリーで
クリスマス向けの寄せ植えを。
清楚でエレガントな白い鉢と
セダムを植えた天使の器で
クリスマス感を強調しています。

クリスマスにぴったりな天使の器に、明るい葉色のセダムをこんもりと。

使う鉢

グラスファイバー製
直径25cm×高さ23.5cm

天使の器
陶製

秋〜冬の寄せ植え

管理のポイント

背が高い寄せ植えなので、しっかり根づくまでは強風に注意。チェッカーベリーは翌春に植え替えをすれば、何年も楽しめます。

植える植物

❶

チェッカーベリー

❷

セダム
'ゴールデンカーペット'

❸

アゴニス'レッド'

❹

バーゼリア'ピッコロ'

❺

イベリス
'ブライダルブーケ'

天使の器
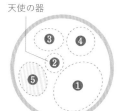

配置図

カレンダー											
1	2	3	4	5	6	7	8	9	10	11	12

植えつけ ●━●
観賞期 ●━

つくり方

1 鉢の深さの1/4程度パーライトを入れ、培養土を適量入れる。

2 一番背の高いアゴニスを、縁のそばに配置。

3 バーゼリアを配置。なるべく縁につけ、地際の高さを揃える。

4 枝ぶりをよく見ながら、位置を決める。

5 チェッカーベリーは、かなり根鉢が回っている状態。

6 太い根は触らないように気をつけ、細い根を切って少し減らす。

7 表面の密集した部分を、はがすようにして取る。

8 太い根はそのままで、下のほうをスリムな状態に。

9 やや手前に傾けるようにしてチェッカーベリーを配置。

10 イベリスを配置。地際の高さが揃わない場合は土を足す。

11 土を入れる。株と株の間や縁はとくにしっかりと。

12 割箸などで土を突き、土中の隙間をなくす。縁はとくに丁寧に。

13 土が沈んだらその分、土を足す。

14 4種の植物を植え終わった状態。

15 セダムは根を1cmくらい残して切る。

16 器に合わせて、適量を手でちぎる。

17 真ん中がこんもり高くなるよう、指でセダムを器に押し込む。

18 セダムの植えつけ完了。

でき
あがり

19 蓮口を外したジョウロで、鉢底から流れ出るまでしっかりと水をやる。

20 安定する場所に、セダムを植えた天使の器を置く。

秋〜冬の寄せ植え

存在感のある
お正月飾りに

お正月向きによく使われるハボタンと縁起物のマンリョウに
松に見立てたアカシアを添えてモダンに。
ハボタンは輪に大小をつけ、高さも変化を持たせるのがコツ。
角鉢は角を正面にすると、シャープな印象になり
奥行き感も出ます。

管理のポイント

ハボタンは風通しのよい場所を好みますが、北風や強い霜に当たると弱ってしまうので置き場所に注意しましょう。

使う鉢

コンクリート製
1辺25cm×高さ25cm

配置図

植える植物

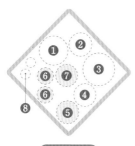

❶ マンリョウ'紅孔雀'

❷ アカシア
'ゴールドチップ'

❸ ヤブコウジ 覆輪

❹ オレアリア
'リトルスモーキー'

❺ ハボタン'ダンテ'

❻ ハボタン
'F1フレアホワイト'2株

❼ 踊り仕立て
（品種不明）

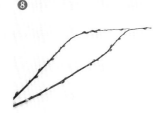

❽ ネコヤナギ2本
（生け花用の枝）

秋〜冬の寄せ植え

流木

海岸で拾った流木は、塩抜きをしてから使います。市販のものは下処理済みです。

カレンダー

1	2	3	4	5	6	7	8	9	10	11	12

植えつけ ●━━●
●━━━━━━━━ 観賞期 ●━━●

つくり方

1 鉢の深さの1/5程度、小粒のパーライトを入れる。

2 根鉢の高さを考慮し、適量の培養土を入れる。

3 骨格となる植物を仮置きして、位置を決める。鉢の角が正面。

4 根鉢が大きいものから植える。マンリョウは肩の土を落としておく。

5 他の植物の根鉢の高さに合わせて、土を足して調整する。

6 アカシアはやや外側に傾けるように配置。

7 ヤブコウジを配置。

8 脇に植えるハボタンはやや外側に傾けて配置。

9 根鉢が回っているハボタンは適度に根を取り除きスリムにする。

10 正面のハボタンは、やや手前に傾けて配置。

11 オレアリアはやや外側に傾けて配置。

12 土を入れる。鉢の角の部分や縁、株と株の間はとくに丁寧に。

13 枝の向きや苗の角度などを微調整する。

14 全体のバランスを見て、ネコヤナギの枝を挿す。

できあがり

一部手直しして、長く美しく

ハボタンの時期が終わったら、抜いて花に植え替えることで、
表情の違いを楽しみながら長期間楽しむことができます。

**ハボタンを
切り戻す**

ハボタンがトウ立ちしたら、花茎の部分を根元から切り取ります。この状態で、しばらく楽しめます。

花茎（トウ）が、かなり伸びた状態。

花茎の根元から切る。

やや形は崩れるが、まだしばらくは楽しめる。

四季咲き性のバラで印象が一転

ハボタンが汚くなったら抜いて、主役をミニバラに植え替え。四季咲き性があるので秋まで繰り返し咲きます。

ハボタンの観賞期が終わった状態。

ミニバラを主役にし、ヒューケラを添えて再生。

植え替える苗

ヒューケラ
'スウィート
プリンセス'

ミニバラ
'インフィニティ
ローズ'

手直しの手順

ハボタンを根元から抜く。

抜いた穴に新しい土を足す。

ミニバラを配置。

やや外側に傾けてヒューケラを配置。

根元にしっかりと土を入れる。

割箸などで突いて土中の隙間をなくす。

秋〜冬の寄せ植え

目に温かい陽だまりカラー

どちらも冬に咲く大輪のカレンデュラとクリスマスローズが引き立て合います。
植物の高低差と葉色のコントラスト、小さい葉の植物が生む動きが全体をビビッドに。
銅葉とクリスマスローズの色、カレンデュラのしべで色をつないでいます。

使う鉢

プラスチック製
直径28cm×高さ22cm

植える植物

❶ カレンデュラ
　‘タッチオブレッド’
❷ カレンデュラ
　‘スノープリンセス’
❸ スーパーアリッサム
　‘フロスティーナイト’
❹ クリスマスローズ
　（ヘレボルス・ダブル）
❺ オレアリア‘アフィン’
❻ プリムラ‘プリカント ライム’
❼ ブルーデージー 斑入り
❽ ベロニカ
　‘オックスフォードブルー’

配置図

つくり方のポイント ベロニカ‘オックスフォードブルー’
は鉢からあふれ出して垂れるように植えるのがコツ。スー
パーアリッサムも、わざとあふれるように植えます。

カレンダー

1	2	3	4	5	6	7	8	9	10	11	12
										植えつけ ●	
										観賞期 ●	

使う鉢
グラスファイバー製
直径27cm×高さ30cm

植える植物
❶ ハボタン‘光子ポラリス’
❷ ハボタン（品種不明）
❸ カレックス
　‘エバーゴールド’
❹ マンリョウ‘紅孔雀’
❺ 斑入りヤブコウジ
❻ コプロスマ・ブルンネア
❼ オキザリス
　‘オックスローズ’

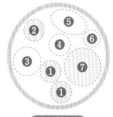

配置図

秋〜冬の寄せ植え

新年の飾りにも活躍

エイジングを思わせる仕上げのグラスファイバー製の鉢は
主役に据えた切れ込みの入った赤紫色のハボタンと相性が抜群。
脇役に2色の踊りハボタンを。マンリョウで高さを出し、
カレックスとコプロスマで動きを表現しています。

つくり方のポイント
　一応、正面はありますが、どこから見てもよい「四方
見」の寄せ植え。「三方見」の場合は背の高い植物
を背景にしますが、この寄せ植えは中央に配置。

メインの写真とは違う方向から見たところ。

カレンダー

1	2	3	4	5	6	7	8	9	10	11	12
									植えつけ		
									観賞期		

アルテルナンテラ

ヒユ科 多年草、一年草
草丈10〜100cm 花期10〜11月

センニチコウの仲間。赤紫や赤、オレンジ、斑入りなどさまざまな葉色があり、カラーリーフとして人気です。とくに9月以降、葉色が鮮やかになります。花に観賞価値がある品種もあり、寄せ植えの脇役として活躍します。

●管理のポイント
半日陰でも育ちますが、日照不足だと葉色が悪くなります。冬越しは5℃以上が必要。

（品種不明）

カメレオン　　　　レッドフラッシュ　　　　千日小坊

カレンデュラ

キク科 一年草 草丈20〜60cm
花期12月〜翌5月

カレンデュラにはさまざまなタイプがありますが、秋〜冬の寄せ植えに使いたいのは、大輪品種。'ブロンズビューティー'や'タッチオブレッド'などは花径7〜10cmあり、開花株を植えると翌春まで咲き続けます。

●管理のポイント
日当たりと風通しのよいところで管理します。花が終わったら、早めに花がらを摘みましょう。

タッチオブレッド

スノープリンセス

キンギョソウ

オオバコ科 一年草扱い 草丈20〜40cm 花期3〜6月、9〜11月

春と秋の2回、花期があります。独特の花形で、豪華な花穂が上がり、花色も豊富。甘い香りも魅力です。秋〜晩秋の寄せ植えを華やかにしてくれます。

●管理のポイント
過湿に弱いので、込み合ってきたら切り戻すか枝を透かし、水やりは土が乾いてからにしましょう。花に雨が当たると腐りやすいので、なるべく雨が当たらない場所で管理します。

クリスマスローズ

キンポウゲ科 常緑多年草
草丈30〜60cm 花期12月〜翌3月

真冬に咲くニゲル種と、冬〜早春に咲く交配種があります。花色は白、薄緑、クリーム色、えんじ色、黒など。八重咲きのものや葉に斑が入るものなど、品種が豊富です。

●管理のポイント
秋〜春は日当たりのよい場所で、春以降は半日陰で管理を。生育が旺盛なので、秋〜春に株分けを兼ねて植え替えします。

ニゲル

シクラメン

サクラソウ科　常緑多年草
草丈15〜40cm　花期10月〜翌3月

花の少ない冬の間、華やかに咲いてくれます。花色は白〜赤までさまざまで、フリンジが入るものも。寄せ植えには、ガーデンシクラメンなど寒さに強い小型の品種が向きます。葉の模様も面白く、カラーリーフとしても活躍します。
●管理のポイント
花がらは、株を手で押さえながら花茎の根元から抜きます。ガーデンシクラメンは霜に当てなければ、多年草として育てられます。

フェアリーピコ　　　さくら

ストック

アブラナ科　一年草
草丈20〜80cm　花期10月〜翌3月

花色が豊富で、存在感のある花穂が次々と上がります。最近は耐寒性に優れた品種も多く、霜に当てなければ秋から春まで咲き続けます。
●管理のポイント
日当たりのよい場所で管理を。過湿になると下葉が黄色く枯れやすくなるので、やや乾燥気味に育てます。霜には当てないように注意を。

セロシア

ヒユ科　一年草
草丈15〜150cm　花期7〜11月

ノゲイトウの系統から生まれた園芸品種で、キツネの尾のような花穂が特徴。寄せ植えには小型の品種が向いています。葉色が美しいものは、カラーリーフとしても活躍します。
●管理のポイント
植えつけの際は根鉢を崩さないように。水はけのよい土を好み、過湿は苦手です。日の当たる風通しのよい場所で管理します。

スマートルック

ベネズエラ

ダリア

キク科　多年草　草丈20〜200cm
花期6〜7月、9月中旬〜10月

花期は初夏と秋の2回。存在感のある大きな花が特徴で、一重、八重、ポンポン咲きなど咲き方もいろいろ。花色も豊富です。黒葉系の品種はカラーリーフとしても活躍します。
●管理のポイント
過湿を嫌います。初夏の花が終わったら切り戻すと、秋によく咲きます。冬は球根をポットに植えるなどして休眠させます。

秋～冬の主役に向く花

チェッカーベリー（ゴールテリア）

ツツジ科　常緑低木　樹高10～20cm　花期6～7月
結実期11月～翌3月

大きな赤い実がなり、こんもりとまとまるので、秋からクリスマス、お正月用の寄せ植えで活躍します。ハボタンやビオラなどともよく合います。初夏に咲く釣り鐘型の花も可憐です。
●管理のポイント
弱酸性の土を好みます。乾燥が苦手なので、冬は寒風に当てないように。夏は直射日光を避け、明るい日陰で管理します。

チョコレートコスモス

キク科　多年草　草丈30～70cm　花期5～11月

チョコレートを思わせる香りを持ち、えんじ色のシックな花色が魅力。春から秋にかけて咲く品種と、秋に一斉に咲く品種があります。球根になる植物なので、多年草として育てることができます。
●管理のポイント
日当たりと風通しのよい所で管理します。12月～翌3月の休眠期は、ポットなどに植えて凍らない場所で管理します。

トウガラシ（観賞用）

ナス科　一年草　草丈30～70cm
結実期7～11月

ミッドナイトファイヤー

黒葉やトリカラー、斑入りの品種は、カラーリーフとしても活躍。実の形は球形のものと、細長い円錐形の品種があります。黒葉系の実は、黒紫色からオレンジや赤に変化し、秋の寄せ植えに華やかさを添えます。
●管理のポイント
日照を好みます。あまり根を張らないので、水切れに注意しましょう。

ハロウィン プレミアム

ブラキカム

キク科　多年草　草丈10～30cm　花期3～11月

繊細な葉と楚々とした花弁が魅力的で、白やピンク、イエロー、薄紫色などの花色があります。3～11月と花期が長く、秋は野菊のイメージで寄せ植えに使います。

ブラスコ

●管理のポイント
蒸れが苦手なので、梅雨前に切り戻すと夏越しでき、秋にまたたくさん咲きます。秋から春はよく日に当て、夏は半日陰で管理を。

ペルネッティア

ツツジ科　常緑低木　樹高50～100cm　花期5～7月
結実期9月～翌3月

別名「真珠の木」。ハッピーベリーという名で流通することもあります。秋に直径1cmほどの、白やピンク、赤い実をつけ、長期間実を楽しむことができます。クリスマスの寄せ植えにも向いています。初夏に咲く花も可憐。
●管理のポイント
乾燥に弱いので、寒風を当てないようにします。夏は直射日光を避けて明るい日陰で管理。

ムラサキシキブ

シソ科　落葉低木　樹高2～3m　花期6月　結実期9～10月

ムラサキシキブは幹が太くなって立ち上がり、コムラサキは細い枝に実が房になってつき、枝が枝垂れます。白やピンクの実の品種もあります。初夏に咲く小さな花も可憐です。
●管理のポイント
半日陰でも育ちますが、日向のほうが実つきがよくなります。枝がよく伸びるので、実が終わった冬季に切り戻します。

コムラサキ

桃玉

ネメシア

ゴマノハグサ科　多年草
草丈20〜30cm　花期3〜6月、9〜10月

春から初夏にかけてと秋の2回、花の
シーズンがあります。白、ピンク、紫、
オレンジ色など花色が豊富で、穂状
に花をつけます。

●管理のポイント
咲き終わった花が散って葉の上に落
ちると、病気の原因になるので、こま
めに取り除きましょう。花が咲き終わ
りかけたら、草丈の半分くらいまで切
り戻します。秋〜春は日向、夏は風通
しのよい半日陰で管理を。

レモンスカッシュ

ハボタン

アブラナ科　一、二年草
草丈10〜70cm　観賞期11月〜翌2月

葉に光沢があるもの、マットなもの、
切れ込みやフリンジが入るものなどさ
まざまな品種があります。存在感があ
り花と見紛うほど華やかなので、正月
向けの寄せ植えに欠かせません。ミ
ニサイズはリースでも活躍。わざと茎
をくねらせて仕立てた踊りハボタン
も、寄せ植えのアクセントになります。

●管理のポイント
風通しのよい日向で管理しましょう。
ただし北風は避けるように。霜に当た
ると葉が傷むことがあります。

踊り仕立て（品種不明）　　　　　　　（品種不明）

マルモドルチェ ローズ　　　　　光子ポラリス　　　　　チョコビター

エムズコレクションシリーズ

F1フレアホワイト

パンジー、ビオラ

スミレ科 一年草 草丈15〜25cm
花期10月〜翌5月

毎年のように新しい品種が多数登場
し、花色、花形、花径も多種多様で
す。一般的に花径が大きいものをパン
ジー、小さいものをビオラと呼びま
すが、とくに基準はありません。半年
近く咲いてくれるので、秋〜春の寄せ
植えに欠かせない植物です。

●管理のポイント

花がらは、花茎の根元から取りましょ
う。徒長して株姿が乱れたら半分近く
まで切り戻すと、しばらくしてまた花
が咲きます。長期間咲き続けるので、
月に一度は置き肥を与えましょう。

ふわふりる

ティファニーイエロー

神戸ビオラ リトルバニーブライトパープル

タイガーアイ

フリンジビオラ アデール

絵になるスミレ パルム

ビオラ ファルファリア

横浜セレクション フレアーブルー クラシック

横浜セレクション 金茶

プリムラ ジュリアン

サクラソウ科 一年草
草丈10〜25cm 花期11月〜翌4月

さまざまな品種があり、バラそっくり
の花形のものも。花色も白、イエ
ロー、ピンク、オレンジ、赤、薄紫、バ
イカラーなど多彩です。花期も長く、
秋〜冬の寄せ植えで活躍します。

●管理のポイント

霜に当たると枯れるので注意を。低温
多湿だと灰色カビ病が発生しやすくな
るので、水やりの際は株にかけないよ
うに。葉が込み合わないよう、黄色く
なった葉は根元から切り取りましょう。

いちごのミルフィーユ

（品種不明）

M'sセレクション

ハウス入口には季節の寄せ植えや鉢植えが並んでおり、寄せ植えづくりの参考になる。

河野自然園 農園ハウス

　ガーデンデザインや施工などを行っている河野自然園の農園ハウスは、寄せ植えやハンギングバスケットづくりに向く季節の花苗や多肉植物が豊富に揃っています。寄せ植えの作品も多く展示されているので、寄せ植えづくりのヒントも見つかるはず。また寄せ植えやハンギングバスケットの講座も開催されており、著者・井上まゆ美のプライベートレッスンも開かれています。

神奈川県横浜市港北区新羽町4254
https://kyukon.com
※営業時間など詳細はホームページをご覧ください。

季節の苗が数多く揃っており、手ごろな価格で購入できる。

農園ハウスの入口横。

ハウス内には作品例やガーデン雑貨も展示されている。

175

著者 井上まゆ美 いのうえ・まゆみ

ガーデンデザイナー、株式会社河野自然園の代表取締役、ネットショップ「球根屋さん.com」運営。日本ガーデンデザイン専門学校非常勤講師。植物の魅力を生かしきった、シックでおしゃれな寄せ植えやハンギングバスケットに定評がある。講習会には全国から受講生が集まり、受講生からは各種コンテストの入賞者も多く輩出。指導者としても高く評価されている。また、ガーデンデザインやガーデンコンサルタントとして、個人宅の庭づくりから町の緑化まで幅広く活躍。農園ハウスでは、苗や資材の販売も行っている。『長くきれいに楽しむハンギングバスケット寄せ植えの法則』(講談社) など、著書多数。

編集協力	マートル舎　篠藤ゆり、伴富志子、秋元けい子
撮　影	竹田正道
イラスト	梶村ともみ
デザイン	高橋美保
編集担当	柳沢裕子 (ナツメ出版企画株式会社)
協　力	中本孝子、西山佐智子、村松とし子、
	(株) サカタのタネ、植浜植木 (株)、(株) ゲブラナガトヨ、
	住友化学園芸 (株)、都筑の里、タキイ種苗 (株)

美しく、長く楽しむ
はじめての花の寄せ植え

2023年 3月 3日　初版発行

著　者　　井上まゆ美　© Inoue Mayumi, 2023
発行者　　田村正隆

発行所　　株式会社ナツメ社
　　　　　東京都千代田区神田神保町1-52 ナツメ社ビル1F (〒101-0051)
　　　　　電話 03 (3291) 1257 (代表)　FAX 03 (3291) 5761
　　　　　振替 00130-1-58661
制　作　　ナツメ出版企画株式会社
　　　　　東京都千代田区神田神保町1-52 ナツメ社ビル3F (〒101-0051)
　　　　　電話 03 (3295) 3921 (代表)
印刷所　　図書印刷株式会社

ISBN978-4-8163-7330-5　Printed in Japan

本書に関するお問い合わせは、書名・発行日・該当ページを明記の上、下記のいずれかの方法にてお送りください。電話でのお問い合わせはお受けしておりません。
・ナツメ社 Web サイトの問い合わせフォーム
　https://www.natsume.co.jp/contact
・FAX (03-3291-1305)
・郵送 (左記、ナツメ出版企画株式会社宛て)
なお、回答までに日にちをいただく場合があります。正誤のお問い合わせ以外の書籍内容に関する解説・個別の相談は行っておりません。あらかじめご了承ください。

ナツメ社Webサイト
https://www.natsume.co.jp
書籍の最新情報 (正誤情報を含む) はナツメ社Webサイトをご覧ください。